原一平（1904.9—1984.8），日本保险业"推销之神"

乔·吉拉德（1928.11—），美国著名的推销员

世界上最伟大的推销员

原一平与乔·吉拉德的财富传奇

林望道 / 著

THE GREATEST SALESMAN
IN THE WORLD

立信会计出版社
LIXIN ACCOUNTING PUBLISHING HOUSE

图书在版编目（CIP）数据

世界上最伟大的推销员/林望道著.--上海：立信会计出版社，2016.7（2021.1重印）

（时光新文库）

ISBN 978-7-5429-5037-6

Ⅰ.①世… Ⅱ.①林… Ⅲ.①推销—通俗读物 Ⅳ.①F713.3-49

中国版本图书馆CIP数据核字(2016)第104627号

策划编辑　蔡伟莉
责任编辑　蔡伟莉
封面设计　主　语

世界上最伟大的推销员
SHIJIESHANG ZUIWEIDA DE TUIXIAOYUAN

出版发行	立信会计出版社		
地　址	上海市中山西路2230号	邮政编码	200235
电　话	（021）64411389	传　真	（021）64411325
网　址	www.lixinaph.com	电子邮箱	lxaph@sh163.net
网上书店	www.shlx.net	电　话	（021）64411071
经　销	各地新华书店		

印　刷	北京柯蓝博泰印务有限公司		
开　本	880毫米×1280毫米	1/32	
印　张	8	插　页	1
字　数	200千字		
版　次	2016年7月第1版		
印　次	2021年1月第6次		
书　号	ISBN 978-7-5429-5037-6/F		
定　价	29.00元		

前言

推销是什么？

——谋生的手段？

——不断与自己的勇气和忍耐搏斗的过程？

——把自己的尊严廉价典当、低三下四求人的行为？

——获得丰厚的物质回报和闪耀的成就，以此笑傲人生的资本？

对推销的不同理解，决定了推销员之间绩效的差距。把推销视为乞讨行为，硬着头皮敲开客户的门，战战兢兢地询问对方是否购买，遭到拒绝后便灰溜溜地鸣金收兵，必然是成交无望，佣金寥寥，以失败告终；相反，把推销视为与客户共赢的过程，通过对客户的百般攻心而屡屡成交，既能赚取不菲的佣金，又能积累强大的人脉关系，从而迈向事业巅峰。

原一平，日本"保险界推销天王"。他曾经露宿公园，三餐不继，只能通过一场美梦来体验吃到午饭的感觉——进入推销领域后，他曾连续保持15年全国推销冠军，连续17年推销额达百万美元，财富滚滚而来。

乔·吉拉德，美国"汽车业推销冠军"。他出生于底特律一个贫民窟并患有严重口吃，35岁之前简直一败涂地——进入推销领域后，在1963年到1977年间，他成功卖出13 001辆汽车，积累起大量财富。1978年，他功成身退，定居底特律市郊的葛洛斯角豪宅区，与"汽车大王"亨利·福特的继承人福特二世毗邻而居。

与推销结缘，使原一平和乔·吉拉德终结了潦倒的日子，告别了庸碌无为的人生，走上成功的辉煌大道。事实上，推销绝不只是把产品或服务卖给客户那么简单，它意味着全面革新自我，不断挑战生命极限，对有进取心的推销员来说：只要不断付出，就能获得成功；这种成功没有上限，若进取有道，完全可以成为百万富翁、千万富翁。

本书汇集了原一平和乔·吉拉德的推销秘诀，总结了最伟大推销员快速成长的自我修炼术，所有的条目都指向一点：打造屡屡成交的推销员，打造金牌推销员。

如果你只是因为求职无门，而销售的门槛低，才勉为其难地进入这一行业，不妨读读这本书，因为乔·吉拉德会告诉你：由于对销售的错误认识，你正在错过成为百万富翁的机会。

如果你觉得苍天无眼，总是为你制造苦难，不妨读读这本书，因为原一平会告诉你：苦难是销售成功的必经站点，只要熬过苦难，便是销售成功的黎明。

如果你曾立志成为一名年薪百万的推销员，只因客户的屡屡拒绝才决定抽身而退，不妨读读这本书，因为它会告诉你：推销的成功始于拒绝，只要永不言弃，总有办法打动客户。

......

　　每日辛苦奔波的推销员们，希望这本书能够帮助你们将自己快速打造成一名"世界上最伟大的推销员"，为你们实现自己的百万年薪梦助一臂之力——这是本书编者最虔诚的祝愿！

目 录
Contents

目录
Contents

第二篇　从"锅炉工"到"汽车业推销冠军"
——乔·吉拉德的财富传奇

目录
Contents

第三篇　每天进步一点点
——最伟大推销员快速成长自我修炼术

目录
Contents

世界上最伟大的推销员…

原一平与乔·吉拉德的财富传奇

第一篇
从"小太保"到"保险界推销天王"
——原一平的财富传奇

原一平简介

32 岁的时候，他的销售业绩位列明治保险公司之首，并且夺取了全日本的亚军；

36 岁的时候，他成为美国百万圆桌协会成员，协助成立了全日本寿险推销员协会，多年担任会长一职；

58 岁的时候，他被日本政府授予"四等旭日小绶勋章"，在日本能够获得这种荣誉实属不易，甚至当时在任的日本总理大臣福田赳夫也羡慕不已，当众感叹道："身为总理大臣的我，只得过五等旭日小绶勋章！"

60 岁的时候，世界权威机构美国国际协会为表彰他在推销业做出的成就，隆重地为他颁发了全球推销员最高荣誉——学院奖。

这便是推销之神原一平，曾经因少有恶名，而被乡民视为无可救药的小太保，但他后来在保险业打出一片天地，一度连续 15 年蝉联全日本推销的冠军，连续 17 年推销额达百万美元。此外，他还是明治保险公司的终身理事，业内的最高顾问。

当被人贬低时，告诉自己"我能行"

原一平从报上看到明治保险公司招聘保险业务员的广告，自认为那是一份好工作，就准备去应聘。这个决定影响了他的一生。

1930年3月27日，原一平去明治保险公司面试。27岁的原一平身高只有145厘米，体重52千克，又瘦又小，其貌不扬。主审官是高木金次。下面是当时原一平与高木先生对话的情形：

高木先生不屑一顾地看了一眼原一平，一面看着桌上的文件，一面对他说了一句话。由于说话的声音太小，原一平听不清楚。

"您是说……"原一平努力地侧着耳朵。

"太困难了！"

"什么太困难了？"

"推销保险对你来说……"高木话里有话，似乎带有讥讽意味地说。

"我还是听不懂考官的意思。"原一平满脸狐疑，急切地寻根问底。

"我说推销保险的工作太困难了，你不能胜任。"高木直截了当地说。

突然间，原一平觉得心口一丝窒息，隔了一会儿，才结结巴巴地说："何……何以见得呢？"

高木先生以轻蔑的口气说："老实对你说吧！推销保险的工作非常困难，我看你不是干这个的料。"

"真是狗眼看人低！"原一平差点骂出声，幸好又咽了回去，这位看起来也瘦瘦小小的考官（高木金次比原一平略高），竟敢说原一平这个刚刚卸任的营业部经理不够格当保险业务员，他当然有气了。

此时，原一平那一股"永不服输"的气概，在几秒钟之内充满了全身。

他涨红了脸，像一只勇猛的斗鸡，张牙舞爪倾身问道："好！请问进入贵公司，究竟要做多少业绩呢？"

"每人每个月一万日元。"高木依然轻蔑地说。

高木先生的回答让傲慢惯了的原一平听起来感到一阵冰冷，尤其在那空空荡荡的房间里。

"每一个人都得推销到一万日元吗？"原一平还是死死追问。

"那是当然的事。"

原一平像跟谁赌气似地说："既然这样，我也每月推销那么多好啦！"

高木金次狠狠地瞪了他一眼，把手中的文件放到桌上，接着慢慢地抬头看着天花板，发出"嘿！嘿！嘿！"的一阵怪笑。

这就是原一平进入推销保险生涯时，听到的第一声嘲笑，原一平虽然难过极了，但仍咬紧牙根，暗暗发誓——就是粉身碎骨也要把那一阵怪笑送回去，否则宁愿与这阵怪笑同归于尽。

3月27日，这一天就这样烙在他内心深处。这是原一平踏入社会后，最气愤的一天；然而，也是他漫长的推销生涯中最关键的一天，也就是这阵怪笑，点燃了他生平第一把"永不服输"的火焰，没想到那一阵怪笑，居然成了他迈向成功的动力。

此后，在数不清的岁月中，每当原一平遭到打击或意志消沉的时候，便常以这一段"被人瞧不起"的际遇来鼓舞自己，重新整装，再往前冲刺。

由于明治保险公司并不想录用原一平，而他是自己硬挤进来的，所以只给了一个"见习推销员"的头衔，并提出非常苛刻的条件：没有薪水，没有办公座位等。原一平都干脆地答应了下来，并且自动从住处搬了一张桌子到公司去，原一平没有想到，为了这件事，又和公司发生了矛盾：

"喂！原先生啊！别开玩笑了，怎么能够随意就搬来桌椅呢？"

"公司不给我桌椅，我只好自己把它带来啊！"

"那太碍事了。"

"再碍事也要给我一个摆桌子的地方啊！"

在一阵激烈的争论之后，公司总算答应让他摆一张桌子，但有一个条件，那就是——必须摆在既不碍眼又不碍事的地方。

原一平在公司里找了半天，终于找到一个理想的地方——就在办公室的入口靠门的地方。那里既不碍眼又不碍事，从此开始了他见习推销员兼服务员的生活。

要忍常人所不能忍

"原一平，去给我买份早点。"

"是！"

"喂！快去给我买包烟，还有……"

"好的！"

原一平就这样被当成小弟般地使唤着，同时，还遭到同事们的冷嘲热讽。为了争一个座位，与公司大吵一顿后，勉强算是有了一席之地，现在又被别人认为神经有问题！

虽然在高木金次的面前夸下了海口，但是没有薪水，"一个月一万日元保险"的确遥不可及，原一平只好借债度日。当时原一平的生活实在很凄惨。

性格倔固执的原一平只是想把那阵"嘿！嘿！嘿！"的狂笑击碎，那一把永不服输的火焰依然熊熊燃烧，他一定要为"3月27日"复仇，就这样，他坚持着。

一般，新进的员工都会受到公司亲切的欢迎，并会被告知人际关系的重要。原一平虽未闹到大打出手，但也一直吵闹不休，风波不断。然而，由于这些奇特的际遇，从第一天起原一平就声名远扬，成为公司里的"知名人物"。

之后，问起原一平为什么这么执着地对待自己的座位时，他有声有色地描述如下："不管别人怎么说，全世界独一无二的原一平的座位就在此地，这是我的据点，也是我的城堡。因为这一块土地是我费了九牛二虎之力才争取来的，所以我格外地珍惜。

"或许各位也有相同的经验：当我们年幼之时，都喜欢玩积木，而后，日夜如痴如醉地垒积木，堆砌你梦里的王国。有时候，尽管父母说你、骂你，甚至打你，你还是把积木当作心肝宝贝。

"我搬到公司的桌椅，对我来说，就相当于心爱的积木。正因为那是我心爱的积木，所以我格外地珍惜。这些积木堆砌的梦想，会引导我走向成功之路。

"我已超过古稀之年，但葆有赤子之心。因为我确信，赤子之心与梦想是每一个业务员的原动力，我靠它们不但争取到了小小的城堡，随后更由此而建立了我的保险王国。

"从此之后，我经常对自己说：'我就是原一平，原一平是独一无二的，举世无双的。'

"我日后的成就，就凭这一句肯定自己的话，再加上日积月累的推销经验，使我历经磨难，逐渐成熟。"

推销保险并非一蹴而就，没有业绩就不会有报酬收入，但原一平仍然保持着乐观的态度,他对自己说:"一个人在面临困难之时,如果从消极的一面去想的话,势必越想越糟,最后变得萎靡不振,而陷入万劫不复之地;如果从积极的一面去想的话,这正是难得的磨炼的机会,这是黎明前的黑暗,也是攀登卓越高峰必须承受的苦难。"

这么做的结果是,那些困苦与辛酸的事情,非但没有打击原一平,反而带给他无比的温暖。

为了省钱,原一平不乘电车,不吃中午饭,在一个大约只有6平方米的小屋容身。并非原一平不想吃中午饭,也不是他不想乘公交车,而是真的身无分文。可是为了鼓舞自己,在这种迫不得已的情境下,原一平把"没钱吃饭"改为"我不吃饭",把"没钱搭车"改为"我不搭车"。

当别人用午餐的时候,原一平用多出的时间工作;当别人搭乘电车的时候,他乘机多访问客户。这并非唱反调,其实这是说服自己不吃午餐、不搭电车的最佳理由。

从1930年开始,大约有3年的时间,原一平都不吃午餐、不搭电车。

在这一段时间里,每当中午时分走过饭馆时,他都要面带笑容,嘴里哼着小曲,迈着轻快的步伐走过去。

当然不吃饭也是行不通的,他总是晚上吃些便宜得不能再便宜的晚餐,每当半夜饥饿的时候,他就跑到附近的一个中学去跑步,跑累了一头倒下就睡,自然而然也就把"饿魔"驱走了。

有一天,原一平徒步四处推销保险,走了一天的路,疲惫不堪,回到住处倒头就睡。在梦里,他老是梦见自己在吃中午饭,而且每次都吃得津津有味。有时甚至梦见自己在电车里大吃大喝。梦醒之后,还舔舔嘴巴,觉得好过瘾!

坚信自己是最优秀的

虽然原一平每天努力地工作，拼命干了7个月，但丝毫没有成绩。由于毫无收入，他拖欠了7个月的房租。终于有一天吃早饭时，原一平打算再来一碗饭，房东太太和颜悦色地说："原先生，您已经欠了7个月的房租，您还打算再来碗饭吗？"原一平羞愧万分，当天晚上，原一平实在无处可去，只好露宿在公园里，但他仍然在鼓励自己：

"今天是很凄惨，不过公园蛮不错的，又安静，又清凉。不能恨这个，怪那个，要坚强。总而言之，一定要撑下去，只有一条路——干！干！干！"

他握紧双拳，大声地喊叫："原一平是顶天立地的！原一平是绝不屈服的！原一平是永远打不倒的！干呀！我要勇敢地干下去！"

从那以后，公园变成了原一平的"家"，而公园里的长椅就是他的"床"。

每天清晨5点，原一平就从"床"上爬起，利用公园厕所里的自来水迅速梳洗之后，徒步去上班，沿途吃一顿两分钱的早餐。不到6点就来到公司，开始一天的工作。晚上又徒步走回自己的"家"，每天原一平辛苦得像散了架似的，有时晚饭未吃就一头栽下沉睡起来。

有一次，原一平奔波了一天，实在太劳累了，就脱了唯一值点钱的皮鞋，一咕噜躺在自己的"床"上沉睡起来。谁知道，半夜的时候，公园里的乞丐却把原一平的鞋拿走了。第二天清晨5点，他起"床"后就开始找鞋，找了半天还是找不着。原一平不急不火地嘲笑自己："我真笨，连一个乞丐也斗不过吗？唉！算了！现在，我还不如乞丐呢！起码不如拿走我鞋的那一个，因为他现在脚上有皮鞋。"接着原一平像乞丐一样，赤着脚，来到离自己最近的一个公园垃圾筒边，心想："既然那家伙拿了我的鞋，他一定把自己的鞋扔到了这里。"

他就伸手向肮脏的垃圾筒里乱摸。果不其然，一双烂得要命的大头皮鞋展现在眼前，他有点激动。

原一平随后穿上这双"皮鞋"匆忙直奔旧货市场，花了五分钱又买了双旧皮鞋。还欣喜若狂地对店主说："真是天无绝人之路呀！就是浪费了五分钱……"店主恶狠狠地瞪了他一眼，随后甩给了他一句"神经病"。

机会蕴藏在始终如一的坚持中

"有心栽花花不发，无心插柳柳成荫。"在原一平咬紧牙关，度过了他一生中最为困窘的这段日子后，幸运终于到来了。

那时候，原一平每天清晨5点起"床"后，都会遇到一位很体面的中年绅士在路边晨练。可能是每天清晨都碰面的缘故，所以日子一久，他们很自然地彼此之间打打招呼，问早道好。

有一天，他们照例打过招呼之后，他叫住原一平聊了起来。"我看你精神很饱满，全身充满干劲，日子一定过得很痛快啦！"

"托您的福，还好。"

"我看你每天起得很早，是个难得的年轻人。我想请你吃早餐，有空吗？"

"谢谢您！我已经用过了。"

"哦！那就改天吧。请问你在哪里高就啊？"

原一平听到"高就"后真想大笑。

"我在明治保险公司当推销员。"原一平只是说了自己公司的名字，并未说在公园"高就"。

"唔！既然你没空吃早餐，那我就投你的保险好啦！"

听了这句话，原一平突然间愣住了。那一刹那，他深深地感受到了"喜从天降"这句话的滋味。

"早起的鸟儿有虫吃。"没想到这句谚语竟活脱脱地应验在他身上。

"山重水复疑无路，柳暗花明又一村。"在他穷困潦倒得还不如乞丐、落魄到无处容身的时候，这一意外的喜讯扫尽了他一身的霉气，并使他得到了莫大的鼓舞。

原来这位体面的绅士是附近一家大酒楼的老板，也是三业联合商会的理事长。经过他的介绍，原一平很快就与三业联合商会的许多公司搭上线，获得了许多客户。

这是他在与穷困斗争的历程中，最令人振奋的一件事，而且，这位绅士成了他辉煌一生中的第一个贵人。

从这一天起，否极泰来，原一平的命运在悄悄地改变。

感谢打击你的人

在3月27日口试那一天，原一平给高木先生的承诺是每月推销一万日元。换言之，到年底为止共有9个月，他的承诺业绩为9万日元，结果他做了16.8万日元，超出承诺额7.8万日元。

在业绩公布后，他兴奋地大叫："原一平是打不倒的！"

9个月做16.8万日元的业绩，对于刚出道的原一平无疑是件喜事。随后，原一平准备了些礼物，在除夕夜神气活现地去拜访高木金次先生。

"高木先生，在今年的3月27日应征时，我答应您每月推销一万日元，您'嘿！嘿！嘿！'笑了三声。如今年度结算下来，我不但完成了目标，还超出7.8万日元。我觉得您的三声笑的魅力价值16.8万日元。"

下面还有一句话原一平没好意思说出口："为了你那三声怪笑，我当时真想揍你一顿。没想到我所经历的辛酸苦楚终于把你的誓言击了个粉身碎骨，我还是当年的原一平。"

高木先生木讷地笑着说道："对不起！原先生！同时，恭喜你。"

回想起面试时高木先生冰冷的语气，原一平觉得他此刻的笑容格外的温暖。

高木先生热诚地留原一平在他家过年，原一平婉言谢绝了。他现在才觉得，没有高木先生的高压，他根本不会成功。于是，他发现高木先生的嘲笑太有价值了。走的时候，他对高木先生轻轻颔首道："谢谢！"

深夜拜别高木先生，原一平在路上仰望满天的星斗，百感交集，他禁不住泪流满面地想起了父母和自己的父老乡亲，好像他们都在齐声叫好："原一平，你这个不吃午饭、不搭电车、露宿街头、喜爱做梦的'乞丐'，干得好！干得真好啊！"

擒贼先擒王

原一平的整个推销生涯，就是在不断地开发自己的新客户。他对每一个公司或单位主管，都有自己独特的应对方式。每当去一个大公司向他们推销保险时，总是单刀直入地找公司负责人，从不跟没有决定权的职工死缠，因为原一平知道即使纠缠下去，结果可能还是见不到负责人，那就等于做了无用功，所以原一平持着"擒贼先擒王"的战术，屡屡得到大额保单，用中国俗语说就是："阎王好见，小鬼难缠。"

有一次，为了见一家企业老总，原一平在他的车旁足足等了4个小时。一见到他，原一平就施展出浑身的销售技巧，全方位出击，结果这位老总自然被他折服了。

一般他见到无负责权的人，总是编些善意的谎言来蒙混过关，这样就可以直接拜访有负责权的人了。

"擒贼先擒王"的战术一般用在大件销售或团队保险上，在必须由对方负责人出面的情况下运用。

善用赞美发挥功效

原一平认为碰到难缠的客户，必须赞美对方。他说，不管什么样的人都喜欢别人奉承。

每一个人，包括我们难缠的客户，都渴望得到别人真诚的赞美。

原一平说："赞美是畅通全球的通行证。"

因此，懂得赞美的人，肯定是会推销自己的人。

原一平有一次去拜访一家商店的老板。

"先生，您好！"

"你是谁呀？"

"我是明治保险公司的原一平，今天我到贵地，有几件事想请教您这位远近闻名的老板。"

"什么？远近闻名的老板？"商店的老板有点惊讶，惊讶之余便是高兴。

"是啊，根据我的调查，大家都说这个问题最好请教您。"

"哦？大家都在说我啊！真不敢当，到底什么问题呢！"

"实不相瞒，是……"原一平向屋里看了一眼。

"站着谈不方便，请进来吧！"

就这样轻而易举地过了第一关，也取得了准客户的信任和好感。

赞美几乎是百试不爽，没有人会因此而拒绝你。

原一平认为，以赞美对方开始访谈的方法尤其适用于推销个人健康险。那么，访谈究竟要请教什么问题呢？

一般可以请教商品的优劣、市场现况、家庭及亲人等。

对于商店老板而言，有人诚恳求教，大都会热心接待，会乐意告诉你他的创业史。而这些宝贵的经验，也正是业务员需要学习的，这样既可以拉近彼此的关系，又可以提升自己，何乐而不为呢？

记住，下次见到准客户，以赞美对方开始访谈。

不管多么难缠的客户，只要以赞美开始访谈，遇到的麻烦肯定会少。

与客户始终保持同步

原一平在整个推销生涯中，总结出与对方同步的重要性，这个方法有利于多元化地发掘新客户。

原一平认为，与对方同步就是模仿对方：

（1）情绪同步。掌握对方的情绪，可以使谈话轻松。

（2）共识同步。与对方有共识同步，可以建立友好的谈话气氛。

（3）生理状态同步。这种同步的建立可以使对方看到你就好像看到镜中的他一样，自然也就喜欢上了你，有利于你展开工作。

（4）语调与速度同步。亲和力的建立关键在于与对方的语调、语气、速度同步。

（5）文字语言同步。观察对方的用语习惯，接下来达成同步。

上述 5 种同步法是原一平根据多年的行销经验总结出来的。现在很多年轻人都在应用其法。

客户是推销员真正的上司

不管你从事什么职业，首先你要让你的上司信服你，原一平觉得业务员的工作就是为自己工作，不要误认为是帮公司打工。一个业务员没有上司，如果有的话，上司只能是客户。

所以关键是，一个从事业务的人员如何能让"上司"信服呢？尤其在保险行业更应先让对方信服。

对准客户晓之以理，动之以情，站在准客户的立场，多为准客户考虑，定能找到使对方信服的方法。

原一平觉得先了解客户，进而找出他的"拒绝点"。可以想到当一个"拒绝点"被你说出口后，这个拒绝就自然而然地被融化成了信服。

原一平曾经拜访一位退役军人，军人有军人的脾气，说一不二，刚正而固执。讲再多也是白费口舌。所以，原一平直截了当地对他说：
"保险是生活不可缺少的保障。"

"年轻人的确需要保险，我就不同了，不但老了，还没有子女，所以不需要投保。"

"您这种观念有偏差，就是因为您没有子女，我才热心地劝您参加保险。"

"道理何在呢？"军人用刚正的语气反问。

"没有什么特别的理由。"

原一平的答复出乎军人的意料，他露出诧异的神情。

"哼，要是你能说出令我信服的理由，我就投保。"

原一平故意压低音调说："我常听人说，为人夫者，没有子女承欢膝下，并非是一生最大的遗憾。如果不善待陪伴自己一生的妻子，才可谓是人生的遗憾。您说对吗？"

原一平接着说："如果有儿女的话，即使丈夫去世，儿女还能安慰伤心的母亲，尽抚养的责任。一个没有儿女的妇人，一旦丈夫去世，留给她的恐怕只有不安与忧愁。您觉得没有子女所以不用投保，如果您有个万一，请问尊夫人怎么办？您赞成年轻人投保，还是无子女的老夫妇投保呢？当然，寡妇有再嫁的机会，您的情形就不同喽。"军人默不作声，一会儿说："您讲得有道理，好！我投保。"

从"以退为进"到"反败为胜"

如果你真的遇到了一个特别难缠的客户，没办法，只能以退为进了，这一招有的时候特别奏效。如果你只是一味蛮进，那么，就会犹如逆水行舟不进反退。

人总会有犯错误的时候，问题是犯错误之后，要懂得随机应变，要有灵敏的反应，以便挽回劣势，反败为胜。

下面是原一平使用"以退为进"的战术的例子。

有一天，原一平去烟酒店拜访。

这家烟酒店是前次直接加盟的新客户，不过，投的保额很小。由于已成为客户，而今天是第二次拜访，原一平自然而然比较松懈、随便，以致把原来头上端端正正的帽子都戴歪了。

原一平一边说晚上好，一边拉开玻璃门，应声而出的是烟酒店的小老板，虽然是小老板，但年纪已经不小了。

小老板一见原一平，就生气地大叫起来："喂！你这是什么态度，你懂不懂礼貌？歪戴着帽子来拜访你的客户吗？你这个大混蛋。我是信任明治保险，也信任你，真没想到我所信赖公司的员工，竟然那么随便、无礼。你出去吧！我不投你的保了。"

听完这句话，原一平恍然大悟，马上双腿一屈，立刻跪在地上。

"唉！我实在惭愧极了，因为你已经投保，就把你当成自己人，所以太任性随便了，抱歉！"

原一平继续道歉说："我的态度实在太鲁莽了，不过我是带着向亲人的问候来拜访你的，绝没有轻视你的意思，所以请你原谅我好吗？千错万错，都是我的错，我太鲁莽了。"

小老板突然转怒为笑："喂！不要老跪在地上，站起来吧，站起来吧，其实我大声责骂你，是为你好，我是不会介意的。不过你想如果你这个样子拜访别人，别人肯定以为你没诚心。"接着他握住原一平的双手，说："惭愧！惭愧！我不应该这样对你，咱们是朋友。我也太无礼了。"

两人愈谈愈投机。小老板说："我向你大发脾气，实在太过分了，我不是投保了 5 000 日元吗？我看就增加到 3 万日元好啦！"

推销员随时都要有心理准备，万一碰到类似的情况，要能及时观察准客户的心理反应，扭转颓势，反败为胜。

用激将战术攻克个性孤傲的客户

原一平认为面对眼前的准客户，如何吸引他的注意力是首选要点。因为在这个阶段，业务员一般都处于被动地位。如果你没有吸引对方注意，那么你讲得再好，也是对牛弹琴。

所以，在恰当的时候应设法刺激一下准客户，引起他的注意，取得谈话的主动权，而后进行下一步骤。特别对那些比较孤傲的客户，他们总是抱着不搭理你或者根本不正视你的态度，你就可以用语言激将他们。

有一次，原一平去拜访一位个性孤傲的准客户。

由于他性情古怪，尽管原一平已访问了三次，并不断转换话题，他仍然没有一点兴趣。

第三次拜访时，原一平有点沉不住气了，讲话速度快了起来，准客户因为原一平说话太快，所以没听清楚。

他问道："你说什么？"

原一平大声回了一句："你好粗心。"

准客户本来脸对着墙，听了这一句之后，立刻转过来，面对着原一平。

"什么？你说我粗心，那你来拜访我这位粗心的人干什么呢？你可以出去了。"

"别生气，我只不过跟你开个玩笑罢了，千万不能当真啊！"

"我并没有生气，但你竟然骂我是个傻瓜。"

"唉，我怎么敢骂你是傻瓜呢？只因为你一直不理我，所以才跟你开一个玩笑让你轻松一下而已。"

"伶牙俐齿，够缺德的。"这位准客户笑骂道。

"哈哈哈……"

使用激将战术时，一定要半真半假；否则，激将不成反而伤了感情，那时就麻烦了。

对方越冷淡，你就越要以明朗动人的笑声对待他。这样一来，你在气势上就可以占优势，容易压倒对方。此外，"笑"是可以传染的，你的笑声往往会感染对方和你一起笑，那么，余下的事情就好办了。

想得到客户的支持，就要学会冷静地激将。

迫切地让客户做出选择，反而易于失去客户

每当一个销售人员遇到难缠的客户时，总是逼迫他们马上做决定，希望短时间内就能拿到合同单。其实，这种决策是错误的。

原一平的销售绝招是让客户自己决定。

原一平从来不勉强准客户投保。

原一平已多次拜访一位准客户，但从来不主动详谈保险的内容，有一回，准客户问原一平："老原啊！你我相交的时间不算短了，你也帮了我不少忙，有一点我一直不明白，你作为保险业务员，为什么从未向我介绍保险的详细内容，这是什么缘故？"

"这个问题嘛……暂时不告诉你。"

"喂！你为什么吞吞吐吐的呢？难道你对自己的保险工作不关心吗？"

"怎么会不关心呢？我就是为了推销保险，才经常来拜访你啊！"

"既然如此，为什么你从未向我介绍保险的详细内容呢？"

"坦白告诉你，那是因为我不愿强人所难，我素来是让别人自己决定是否要投保，硬逼着别人投保是错误的。因此，未能使你感到迫切需要，是我努力不够，在这种情形下，我怎么能硬逼你买保险呢？"

"嘿，你的想法跟别人不一样，很特别，真有意思。请接着讲。"

"所以我对每一位准客户，都会连续不断地拜访，一直到客户自己感到需要时为止。"

"如果我现在就要投保……"

"先别忙，投保前还得先体检，身体有毛病是不能投保的，身体检查通过之后，我有义务向你说明保险的内容，而且你可以询问任何有关保险的问题。"

"我知道了，我这就去体检。"

记住，客户的决定永远是正确的。迫切要求客户做出选择，是不切实际的。

针对客户说"不"的原因，各个击破

面对纷纭复杂的准客户，当他们说"不"的时候，你是否能观察到"不"背后到底隐藏着一个什么样的拒绝原因呢？如果能找到他们真正的抗拒点，那么问题就迎刃而解了。

原一平面对不同的客户，细心询问，发现他们"不"背后的内容，让客户真正拒绝的原因水落石出，然后一一击破。

原一平仔细研究过说"不"的几种类型，他们为什么要说"不"，有以下几种情况：

（1）防卫型说"不"

成功后的原一平曾对376名销售人员进行过调查，调查的问题是"在进行销售访问时，你是如何被拒绝的？"根据调查的结果，可以得出以下结论。

客户没有明确拒绝理由的，占70.9%，这说明有7成的客户只是想随便找个借口把销售人员打发走。这种拒绝的实质是拒绝"销售"这一行为本身，我们将其称为防卫型拒绝。其中条件反射式拒绝的为47.2%；没有明显理由，随便找个借口拒绝的为16.9%；以忙为理由拒绝的为6.8%；有明显拒绝理由的为18.7%；其他情况为10.4%。

行为科学理论告诉我们：人类行为的外在表现往往是内在心理活动的结果。按照S·罗伊的观点，人的原始欲望是"追求快乐"，主要表现为不愿受他人约束，而按照自己的意愿行事，对外界的强制反其道而行之。"追求快乐"的心理只有经过接受教育和人生经验的积累后，才会受到限制。对于作为不速之客的销售人员的到来，客户本能的反应是：保护自己，不受他人意志的支配，拒绝销售。这种拒绝常常是不真实的，只要销售人员耐心地对客户进行说服、教育，使其克服心理上的障碍，销售活动就会顺利地进行下去。成功的销售正是从克服这种拒绝开始的。

（2）不信任型说"不"

不信任型拒绝不是拒绝销售行为本身，而是拒绝销售行为的主体——销售人员。人们通常认为，销售的成败取决于产品的优劣程度。

这虽然有一定的道理，但不能一概而论。有时往往是同样好的产品，在不同的销售人员身上的销售业绩却大不相同，原因何在？大量的证据表明，在其他因素相同的情况下，客户更愿意从自己信任的销售人员那儿购买。因此，要想成为一个成功的销售人员，必须在如何获得客户的尊重和信任方面多动脑筋，多下功夫。

（3）无需求型说"不"

客户不购买的一个重要原因可能是他们并不真正需要所销售的产品，这种拒绝的实质是对产品的拒绝，而不是对销售人员的拒绝。当然，所谓"不需要"的真实性值得分析，因为有时很难让客户告诉你他需要什么，他自己可能也是一头雾水。销售人员要凭借敏锐的观察力，或通过提出一些问题让客户回答，了解客户的需要之所在，以便设法满足他的需要。

（4）无帮助型说"不"

在客户尚未认识到商品的方便和好处之前，销售人员如果试图去达成交易，得到的回答很可能是"不"。在许多场合，客户是由于没有足够的根据说"是"才说"不"的。因为客户不愿随随便便地贸然购买而被人看作是傻瓜，最初"不"的含义是对"我多讲一些，多提供些有价值的信息，好让我有充分的理由放心购买"。在这种情况下，客户缺少的不是苦口婆心的劝说，而是诚心实意的帮助。销售人员应该向客户伸出援助之手，帮助客户认识到产品的价值，发现最大的利益，从而下决心去购买。

（5）不急需型说"不"

这是客户利用拖延购买方式进行的一种拒绝。一般而言，当客户提出推迟购买时间时，表明他有一定的购买意愿，但这种意愿尚未达到促使他立即采取购买行动的程度。客户常常想："我非得要今天买吗？下个月再买不是也一样吗？"对付这种拒绝的最好办法是，让客户意识到立即购买带来的利益和延误购买将造成的损失。

无论多么艰难困苦，也矢志不渝

要想无忧无虑地做个成功人士，那么无论做什么事情，千万不可半途而废，特别是在你自己创业期间。

原一平指出，如果具有坚定的成功信念，几乎每一个人都可以成为优秀的推销员，谁也不例外。

对于原一平来说，他的成功并非天上掉下来的。

那里边有他辛勤的汗水，从一开始他就全身心地投入其中了。

为了达到成功，你要不断地坚持自己的信念，千万不要半途而废、否定你的正确想法；要不断摸索成功的经验。

许多业务员已到达了成功的边缘——几乎触手可及——却转身走了。

对于这些业务员，真是可惜了，虽然在此期间可能会发生意外，不过也要坚持。离目标已近在咫尺，只要下功夫坚持就可以达到目的。

经常半途而废的人一旦失败，他们就按失败者定位自己，并对自己说："看，我已做过努力，可我根本无法成为精英。"

最可悲的是，一些业务员从成功的门前退了下来，因为他们觉得成功不现实。其实成功对于每个人都是公平的，只要你付出了，你就会成功。不要怀疑成功的几率，更不用害怕失败的到来。从心理学的角度来看，越是害怕什么，什么东西就越会来，自然你也难以接受。所以做某些事情，要用假设成功的方法去做，切勿半途而废。

原一平指出，拥有成功的信念才能保持你动力的持久性，因为信念会派生出关注和乐观主义，是"心理甜食"，由信念产生的积极态度则充满了活力。

信念的长处在于不管你对与错，你都将保持不达目的誓不罢休的想法，并可以加强你的动力。

严格履行自己的拜访计划

原一平到明治保险公司不久，老业务员一见面就对原一平说："你能推销 15 户就已相当可观了，并可以期待有买卖了。这里有张画了 100 个空格的卡片。不是现在让你立即全部涂掉，而是每推销一户用铅笔涂黑一格，这个计划只是你自己的，没有必要告诉公司。当然究竟怎么办全在你自己，你一下全涂完是找不出答案的。原先生试试看？"

就像原一平所说的："并非为了推销而推销，更不是为了钱而推销，我真的成了为意志而推销的推销员了。"

制订这样的计划，画有格子的卡片并不是目的，而是达到目的的手段。此后能否实现，全靠钢铁般的意志。

而业务员就需要这种钢铁般的意志，不达目的绝不罢休的信念，才有机会走向成功。

原一平觉得"面对拒绝，绝不能绕过去，更不能认输"，因为推销员来来去去都是单独行动，不管公司要求你如何做，怎么行动还是要看自己的。

所以要与自己做斗争。早晨吃早点时，经常可以见到许多推销员，这就说明了有许多推销员正在与自己做斗争。其实，这种做法是正确的，因为成功源于习惯，如果你能每天这样坚持下来，你肯定能成功。

若要取得推销的成功，以下两个条件对于战胜自己尤为重要：

（1）制订使自己不能偷懒、退却、辩解的计划。

（2）这种安排必须要有钢铁般的意志去加以完成、实施。

面对推销失败，要锲而不舍

"锲而舍之，朽木不折；锲而不舍，金石可镂"。这句话说明了成功是需要一种精神的。原一平告诉我们说："如果每个业务员都能在比别人提前一半的时间内，完成超过平常人一倍的工作定额，也就是说，别人在三个月内完成 3 000 万日元的话，我就要一个半月完成 3 000 万日元，也就是把自己的业务提升了两倍。"

"全力以赴地去搞推销，必定能达到目标。要有无论如何也要完成的坚定信念，像这样的业务员占 20%，但是他们创造了 80%的业务量总和，这就是所谓的 80 / 20 原则。"

许多人都害怕如果要求对方成交的时间过早，做成生意的机会可能会被毁掉。然而，这种在客户做好准备之前就提出成交要求的过失并不像看上去的那样可怕。一旦发现客户尚未准备好，还可以返回去重新推荐商品，再次争取成交，这并不困难。

也就是说，你必须不止一次地争取成交。在精心准备推荐活动时，应当设计好几种成交法，如果头一次努力没有成功，下一次努力可能就会碰到一笔大买卖。

一个业绩卓越的业务员，一次拜访就能获得成功的买卖，在他做成的所有买卖当中只占 1 / 20 还要少。他在签合同前做好了被拒绝一次、两次、五次，甚至八次的准备。他根本不怕遭到对方的拒绝，那样反而能增加他进一步争取成交的动力。原一平曾经成交过 100 万美元的保单，很多人说他太幸运了。其实幸运背后隐藏着一个秘密，那就是他曾经拜访了这位客户 15 年之久。

所以说，99%的汗水才能换回 1%的幸运机会。那么自然只有那些对所有客户都锲而不舍的业务员，才有可能碰到上述情况。当然，懒惰的业务员肯定会说幸运并非绝对不存在，持有这种心理的总是等待那本不属于他的 1% 的幸运机会。

一般，优秀的业务员碰到困难时，他不会放弃，而是说："噢！对不起！我可能还没有说明白。"接着便展开另一个推销要点，多方面扫除自己眼前的问题。

原一平认为：只要业务员在推销产品时觉得他已经引起了客户的购买欲望，就应该尝试着去争取成交，并且数次尝试，锲而不舍，直到缔结合同为止。

幸运的条件是持续的努力

原一平认为，自己的业绩后来能够平稳上升，或许是"幸运"帮了他的大忙，但这"幸运"是他凭借着实力争来的。

打个比方，如果你买彩票一举中了头奖，这叫幸运；破坏性的大地震来临时，只有少数人存活了，这也是幸运。你付出了比常人多 10 倍的心血，得到了比别人业绩高的结果，这难道还能称为幸运吗？

其实，也就是因为人生有着太多的变化，令人难以捉摸，所以很多人才会用一些原本寻常之事来预测自己的运气。看到别人比自己业绩好，就说别人幸运，这是不正确的看法。

再说，推销工作本来就坎坷难行，有什么困难，别人也没办法帮你，一切都得靠自己去克服，除非是意志有如钢铁般坚强的人，他们从不祈求什么幸运之神。不过，当彷徨的时候相信幸运也是可以的，因为它可以让自己生出挑战的勇气。

所以真正的幸运之神永远在有实力、有耐力的人旁边。

你选择成功还是失败

成功与失败永远不会选择对象，只有你本身才能决定着成功与失败，所以业务员的素质是非常关键的。

原一平说，如果一个业务员总是失败，那么他只能从自己本身的素质上寻找原因了。

一个业务员不同于一个普通的销售店员，他除了有一般店员应有的条件之外，还应该具备其他方面的一些特殊素质。这里所说的特殊素质，就是决定你是否能成功的素质，可分内在的和外在的。据专家们的意见，内在的素质，一般是指心理方面的若干因素；外在的素质，是指处理销售业务的能力。

1. 业务员心理调节的原则

作为一名优秀的业务员，经常进行心理修养是十分重要的，因为它可以决定你是否能永远保持成功不败的纪录。为了达到此目的，下列原则是应该遵守的：

培养积极的人生观。人生观是决定人生方向的主要因素。你的人生，是成功，还是失败？你的人生观便决定了大半。

人生观有两种，一种是积极的人生观，另一种是消极的人生观。人生观的不同，可以使你万事如意，也可以使你到处碰壁。凡是有成就的人，无不怀有积极的人生观，他们常在困境之中，以积极的人生态度和不屈不挠的毅力，打败顽强的敌人，从而获得成功。

乐观。陷于苦境，在失望无依的情况下，更需要乐观。乐观是积极人生观的表现。以战争为例，如果敌人的兵力是七成，我方只有三分，当然是处于劣势。可是士气一经激发，即使胜不了对方，亦能顽强地对抗，而敌方在我方的猛击下亦深受困扰。在敌我对峙时，形势可能会改观，甚至可以胜利；反之，如果士气低沉，军心涣散，不等敌人攻击，自己的阵容就早已崩溃了。

坚忍、坚定地去达到目的，在抵达前，对一切都要坚忍。坚信事业必定成功，这就是业务员的精神支柱。即使在达成的道路上会碰到许多艰难曲折，只要有了坚忍的精神，任何难关都是不难闯过的。这就像进了一间伸手不见五指的暗室一样，必须一点点摸索着墙壁往前走，逐渐地开始发现有点极弱的光，再走就有些光明了；而继续往前去，就能看到灿烂的阳光了。

善于调剂。适当变换工作内容，保持旺盛的精力。反复做同一种工作，很容易使人厌倦、乏味，工作效率就会逐渐降低。比如奔跑、阅读、记录书稿、接电话、研究、复杂判断的工作等，这些极其单调乏味的工作，确实是会令人生厌的。在这种情形下，不妨换换其他的工作，作为调剂身心的滋养品。

自励。就是要有雄心壮志和奋斗目标。无论是谁，只要受到了鼓励，就会拿出精神来做事，自己鼓励自己也是必不可少的。自励的原则主要是理想目标的实现。

2. 销售人员的心理素质

对销售人员的内在素质或心理素质的描述，许多著作中都作了归纳，但都大同小异。

美国心理学家的归纳：

对公司竭尽忠诚地服务；

有良好的道德习惯；

有识别别人的能力；

具有幽默感；

具有良好的判断力和常识；

对客户的要求感兴趣，予以满足并真诚地关心客户；

悟性甚优；

具有能以动听的言语说服客人的能力；

机警善变并可随机应变；

忍耐力强，精力充足，勤勉过人；

见人所爱，满足其所需；

有独具慧眼的见地；

富有创造性，保持乐观；

具有能记忆客人的面貌及名字等的能力。

英国心理学家的归纳：

适应性强；

具有良好的记忆力；

具有广泛的知识；

具有高雅的行为；

具有有魅力的举止；

具有严谨的礼貌；

悟性优良；

有坚强的忍耐力；

谈吐有分寸，流利动听；

给人以良好的印象或好感；

具有敏锐的观察力和独到的见地。

3. 销售人员的业务素质

外在素质，即处理销售业务的能力或业务素质，可以归纳如下：

必须有能力去接近一位潜在的客户，引起他的注意并保持他的注意，不这样做是无法销售成功的，因为接近潜在客户的机会是很少的。

必须有能力将样品或其所要讲解的内容很技巧地呈现出来，很显然，除非他能使客户对其产品产生兴趣，否则是无法使客户接受他的建议的。

必须有能力去激发客户对自己的信任感，要达到这个目的，重要的一个因素，就是对于所销售的物品及其对客户所能产生的利益要有充分的了解。

必须有能力使客户对其所销售的物品产生一种占有欲。销售人员可以用示范等方式告诉客户这种物品会对客户发生些什么作用，以及这些作用对客户的重要性。这样才能达到销售的目的。推销员用来达到这个目的方法当然很多，如介绍其他客户对这种物品的评价等。只要能够成功，什么方法都可采用。

必须能够把握客户对其物品占有的愿望已成熟到何种程度，这样才能进一步提升客户的满意度，使之成为一笔真正的买卖。

此外，良好的体态、仪表、服饰等，也都是销售人员必须具备的基本素质。

当然，销售人员所应具备的特殊能力和素质不是与生俱来的，也不是只有少数杰出人物才具备的，正如游泳或打乒乓球一样，它的技术是通过训练和自我修养形成的。有些人可能比另一些人学得快些，但是任何人只要愿意尝试都会获得成功。

习惯是到达成功的阶梯

在百万美元圆桌会上，有人问原一平："原先生，您好！我想问您是如何成功的呢？"

当时，原一平马上回答了两个字："习惯。"

招待会上每个人都在回味这两个字的重要性。是呀！成功就等于习惯，对于每个人来说成功都是习惯性的。

如果你每天都坚持做某件事，持续 3 年，你再回头看看，3 年前的你和如今的你，一定可以说是判若两人。不管你的职业是什么，也不管你在学习什么，都可以把成功复制到你的定位上。

美国潜能大师安东尼·罗宾曾经这样问一个业务员："请问你每天真正浪费的时间是多少？这个时间是客观的。"

"老师，是这样的。我工作很认真，公司业绩榜上也经常有我的名字，我一般不会浪费一秒钟。"业务员回答。

"是呀！我听说了。不过你是否想更优秀呢？"

"那当然！"

"那你告诉我有没有非主观的时间流逝？"罗宾继续问道。

"当然！我每天浪费在电车上一般有3个小时，吃饭大概2个小时。不过，没办法，我经常早上6点钟就起床，但还是无济于事，我家离公司很远的……"

"优秀的小伙子，你说得很正确。每个人都有浪费时间的客观原因。不过，我想问你，你在电车上3个小时，一般做什么？"

"没什么可做，在电车上只能睡觉，又不能见客户。"

"哦！小伙子你每天都在浪费几个小时的生命，很可惜。"这个业务员有点愕然。

"如果你每天在电车上学习某个专业学科，可以想象一年下来你就争取了40多天的时间，而且比别人多学了很多东西。"

安东尼·罗宾向这个年轻优秀的业务员阐述了一个简单的道理：成功等于习惯。

美满家庭是事业成功的助推力

家庭是通向成功的绿色通道，它扮演着极其重要的角色。

拿原一平的话说就是："推销是夫妻共同的事业。"

的确，一个成功人士离不开家庭的支持。夫妻间的爱情就犹如狄更斯的名言："爱，不是彼此注视，而是注视同一目标。"

原一平指出，对于事业型的人来说，家庭是事业的支柱。原一平的妻子不但是他工作上的伙伴，而且也是负责监督原一平进步的监督员。在家中，原一平主外，他的妻子主内，每当原一平白天出外拜访客户，她就留在家中整理、分析各种客户信息。

原一平的夫人久蕙不仅是原一平的表妹，而且也是他幼年时很好的伙伴。他们从小就是青梅竹马。

原一平在 23 岁那一年，由于声誉太坏，所有人都不和他交往，只好离家到东京创业。在原一平流落公园的那几年，根本没人理睬他，唯一关心原一平的只有久蕙。

在那段时间过得还不如乞丐的原一平，思念他的只有久蕙，并且一直鼓舞着他。

他们两人可谓是两个极端。久蕙温柔贤惠，清丽动人；而原一平性格暴躁，又矮又瘦。再怎么看都是极不相配的两个人。

没想到这两个属于两个极端的人，竟在 1937 年，也就是原一平 34 岁时，结为了夫妻。

结婚后的久蕙每天在读报纸、杂志时，若发现有参考价值的资料，就用红笔画上"√"，以便原一平晚上回家后阅读。倘若电视上报道与工作有关的资料，久蕙也会记下来向他报告。

久蕙，不仅是原一平的妻子、事业伙伴，更是原一平的严师。她认真地为原一平制定了每天必需的行程，而且基本上都是极限，促使着原一平努力工作。有一次，久蕙请来自己的朋友假装要向原一平了解保险，而且故意设立了许多难解的问题来难为原一平。原一平不知是计，仔细地回答了对方的所有问题。在妻子的帮助下，原一平的推销技巧日渐纯熟。

原一平和久蕙经常相互激励，这使得原一平有了无限的力量促使自己前进。原一平说："我一辈子的恩人便是我的太太，我的成功可以说多半都是她的功劳，我实在太感谢上天给了我一个好妻子，一个幸福的家庭。"

由此，原一平体会到：妻子、父母、儿女，这些亲密的人，取得他们的支持和关心是最重要的。只有会治家，才能会理事。想想看，作为一个业务员想扩大自己的客户群，首先应该评估一下你与家庭的关系是否融洽？在人际关系的计分上，婚姻生活与家庭生活就是每个人的第一个"考场"。原一平认为，婚姻生活中的首要条件就是，夫妻能否朝同一目标努力，在家庭生活中，如果发生意见相左的情形，那时作为夫妇一方的你，是否能站在对方的立场上，替对方多想想，以求得一家的和睦相处呢？如果能够这样做的话，那么你必然会得到对方的回报。

诚然，有了对方的支持，就有了你事业上的支持，所以事业的成功离不开家庭的支持。

集众人所长，善以人为师

成功也是学以致用的经验，善于从别人身上学习，会建立良好的人际关系。把别人努力为之成功奋斗 30 年的经验拿过来运用于自己身上，这样可以少奋斗 10 年。聪明的人一定会选择这个方法。

所以，善于从别人身上学习东西是非常重要的品质。

在原一平从失败到成功的生涯中，有很多人物影响着他。有他所崇拜的伟人、名人，还有他的同事们。当年明治保险公司总经理阿部章藏便是其中的重要一员。

阿部总经理既是原一平的长辈，又是原一平的恩师，他待人宽厚，严于律己。原一平能有如此辉煌的成就，除了自己的努力外，也是因为他经常受到阿部总经理栽培，使他从别人身上学到了很多东西。

有一天，阿部总经理带原一平去看小泉信三先生。小泉信三是日本著名的教育家和作家，也是当时一所大学的校长，他跟阿部总经理有深交。

阿部总经理对小泉先生说："这位是我的同事原一平先生，他啊，人小鬼大，以后必定是大人物呢！"

当着原一平的面，阿部总经理把原一平怒骂串田董事长那件事，从头到尾讲了一遍。

小泉先生听完后，哈哈大笑，说："实在很有趣，原先生可谓艺高人胆大啊！"

接着，阿部总经理向小泉先生表示了今天来访的目的。

"今天我特地来拜访你，请你把知己朋友介绍给原一平。"

小泉先生说："既然阿部这么说，我应该答应才是，可是有一段隐情。"

"什么隐情？"

"你或许知道，大矶凶杀案，凶手就是带着前庆应大学校长的介绍信去见被害人的，这件事之后，我再也不写介绍信了。"

阿部总经理说："原来如此，不过，别人我不敢说，对于原一平，我以人格保证，所以你必须帮忙。"

小泉先生沉思了一会儿，最后说："既然阿部你这么说的话，我只有照办了，谁让你会说呢？"

1940 年 3 月 23 日，阿部总经理因病去世，享年 54 岁，真是天妒英才。

原一平是个学习能力极强的人，他从阿部总经理身上学到了自律、仔细，甚至礼节、廉洁、慈祥和幽默。

原一平后来回忆起阿部章藏的一言一行，仿佛历历在目。确实，阿部章藏给了原一平很大的启迪。

原一平善于学习别人的丰富经验，有时去图书馆看一些名人留下的专著，细心记录他们的经验。所以，原一平33岁那年就成了成功的业务人员，他只不过用10年的时间来学习别人一生留下的光辉经验。我们不是也用这种方法来学习原一平一生的成功经验吗？

选定奋斗之路，努力到达成功彼岸

如果在你的面前有两条路：一条成功之路和一条失败之路，你肯定会选择成功之路，但是没准儿也会误入失败歧途，不过这都是选择一条路的结果。

原一平指出，要想达到成功，必须选择一条路，那就是冲刺！就犹如百米赛跑一样，冠军和亚军只差零点几秒的时间，不过就这零点几秒的瞬间，就有可能塑造出一个世界冠军！所以你必须有勇气去冲刺，永不退缩。

正是被原一平的勇气和顽强所感动，明治保险公司才打算试试他，给了他一个见习推销员的头衔。

原一平这条路没选择错，尽管这条路上有太多的坎坷，他始终乐观地、坚持地走下去。

这就正如中国人所说的"天将降大任于斯人也，必先苦其心志，劳其筋骨，饿其体肤……"要想成功当然需要这种信念。

对于原一平，总而言之，一定要撑下去，这是通向成功彼岸唯一的道路，放弃就等于选择了失败。有的时候，人生很单纯，你的面前没有别的路可选，只有一条路，只要你走下去，定能成功。

牢记整理外表的九个原则

原一平曾访问美国大都会保险公司，该公司副总经理曾问他："您认为访问客户之前，最重要的工作是什么？"

"在访问准客户之前，最重要的工作是照镜子。"

"照镜子？"

"是的，你面对镜子与面对准客户的道理是相同的。在镜子的反映中，你会发现自己的表情与姿势；而从准客户的反应中，你也会发现自己的表情与姿势。"

"我从未听过这种观点，愿闻其详。"

"我把它称为镜子原理。当你站在镜子前面，镜子会把映现的形象全部还你；当你站在准客户前面，准客户也会把映现的形象全部还给你。当你的内心希望准客户有某种反应时，你把这种希望反映在如同镜子的准客户身上，然后争取让这种希望回馈给自己。为了达到这一目标，就必须把自己磨炼得无懈可击。"

注重自己的仪表，尽量让自己容光焕发、精神抖擞，尤其要给客户留下良好的第一印象，千万不要为了追求时尚而穿奇装异服，那样只能使你的销售走向失败。只有穿戴整洁或者穿与你职业相称的服饰，才能给客户留下良好而深刻的印象。

原一平根据自己 50 年的销售经验，总结出了"整理外表的九个原则"。

1. 外表决定了别人对你的第一印象。

2. 外表会显现出你的个性。

3. 整理外表的目的就是让对方看出你是哪一类型的人。

4. 对方会根据你的外表决定是否与你交往。

5. 外表就是你的魅力表征。

6. 站姿、走姿、坐姿是否正确，决定你让人看得顺不顺眼。不论何种姿势，基本要领都是脊椎挺直。

7. 走路时，脚尖要伸直，不可往上翘。

8. 小腹往后收，看起来有精神。

9. 好好整理你的外表，会使你的优点更突出。

心系客户利益

有一次，原一平的一位旧友告诉他，他认识一家建筑公司的经理，这家建筑公司实力雄厚，生意做得非常大。于是，原一平请他的朋友写了一封介绍信，他带着信去拜访那位年轻的经理。谁知，朋友的这位熟人并不买原一平的账，他瞥了一眼原一平带来的介绍信，说道："你是想跟我要保险订单吧？我可没兴趣，还是请你回去吧！"

"山田先生，你还没有看我的计划书呢！"

"我一个月前刚刚在另外一家保险公司投保，你看我还有必要再浪费时间来看你那份计划书吗？"

年轻经理断然拒绝的态度并没有把原一平吓走，他鼓起勇气，大胆问道："山田先生，我们都是年龄差不多的生意人，你能告诉我你为什么这样成功吗？"

"你想知道什么？"

"你最开始是怎样投身于建筑行业的呢？"

原一平很有诚意的语调和发自内心的求知渴望，让这位年轻的经理不好意思再用一种冰冷的态度来回绝他。

于是，年轻经理开始向原一平讲述自己过去那段艰难的创业史，每当他说到他是如何克服挫折和困难，遭受很多不幸的经历时，原一平总会伸出手，拍拍他的肩，说："一切不幸都过去了，现在好了。"

整整三个多小时过去了，突然，经理秘书敲门进来，说是有文件要请经理签字。等女秘书出门之后，二人相互对望了一下，都没有开口说话。

最后，还是那位年轻经理打破了沉默，他轻声问道："你需要我做些什么呢？"

"哦，你只需要回答我几个问题就可以了。"

"什么问题呀？"

经理好奇地问道，他本以为原一平会直接让他买保险呢。

原一平提了几个关于山田先生在建筑事业方面的问题，以大致了解山田今后的打算、计划和目标。

山田先生都一一向他做了说明，后来山田先生又一次自言自语说道："真搞不懂，我怎么会告诉你那么多关于我自己的事情，有很多事我甚至连妻子都还没有告诉过呢！"

原一平笑着起身告辞，他说："山田先生，谢谢你对我的信任，我想我会对你告诉我的那些话作一些回馈。再见，下次再来拜访你。"

两个星期之后，原一平带着一份计划书又敲开了山田先生的办公室，这份计划书可是他熬了三天三夜，苦心做出来的。在计划书里，原一平详细拟订了山田建筑公司在未来发展方面的一些计划。

山田再次看见原一平，非常亲热地走上前握住他的手，说："欢迎光临。"

"谢谢你的盛情，请你看一下这份计划书吧。里面如有不当，还请你多多指教。"

山田坐在沙发上仔细翻阅了一下计划书，脸上露出欣喜的表情。

"真是太棒了，我们自己人还想不了这么周全呢！实在太谢谢你了，原一平先生。"

"呵呵，别客气，我哪能跟你们公司的专业人士相提并论呢？"

两个人坐下来，又谈了很久。等原一平离开山田的办公室时，这位经理毫不犹豫地投了100万日元的人寿保险，紧接着副经理也向原一平投了100万日元的保险，财务秘书也投了25万日元的保险。

这仅仅是第一次的保险金额，接下来的10年当中，他们的保险金额总共高达750万日元。

原一平和山田先生的友谊也越来越深，他俩成了一对非常默契的伙伴。

学会"透视"自己

有一天，原一平来到东京日本桥小传马町一个名字叫"村云别院"的寺庙。由于职业感，他步入寺内打算向寺内住持推销保险。就是这一举动，使他偶遇老和尚，从而影响了他的一生。那一年原一平27岁，是他刚进入明治保险公司的第一年。

"村云别院"的住持是吉田胜逞和尚，他是一位高僧。

"请问有人在吗？"原一平问道。

"哪一位啊？"

"我是明治保险公司的原一平。"

原一平被带进庙内，与寺内的住持吉田和尚相对而坐。

原一平开门见山，利用所学的保险知识，面对眼前的高僧，开始了滔滔不绝、口若悬河的介绍，劝说老和尚投保。

等原一平说完，再看吉田和尚的表情如初。高僧对原一平说："你的介绍丝毫没引起我对投保的兴趣。"顿了一顿，吉田和尚接着说："人与人之间，能像现在这样相对而坐，应该算是缘分、造化，所以一定要具备一种强烈地吸引对方的能力，如果你做不到这一点，就算你讲得口若悬河，也无济于事，将来就没有什么前途可言了，倔强的年轻人。"老和尚微微颤了一下白眉。

依照原一平的习惯，面对这种情况，一定会立刻反击回去。奇怪的是，他似乎被吉田和尚的气势震慑住了，居然没有动怒。

当原一平逐渐体会出那句话的意思时，只觉得傲气全失，冷汗直淌，呆呆地望着这位白眉过目、和蔼又神秘的吉田和尚。

老和尚又说："年轻人，先努力改造自己吧！"

"改造自己？"

"是的，要改造自己，首先必须认清自己，你自己认识自己吗？你事业上最大的敌人是谁呢？"

到这里，原一平已丧失谈话的主动权。他把投保的事忘得一干二净，连大气都不敢喘地聆听着吉田和尚的教诲。

"您在替别人考虑保险之前，必须先考虑自己，认识自己。"

"考虑自己？认识自己？"原一平有点惊愕。

"是的，赤裸裸地注视自己，毫无保留地彻底反省，然后才能认识自己。"

"请问高僧，我该如何去做呢？"

"要做到认识自己，说起来简单，做起来困难，去请教别人吧！"

"请教别人？请问如何请教呢？"原一平急切地询问。

"好！我告诉你。你手头上有多少已投保的客户呢？"

"有一些。"

"就从这些保户开始。你诚恳地去请教他们，请他们协助你认识自己。我看你有慧眼，倘若照我的话去做，他日必有所成。切记！不可欺骗！切记！"

谈话至此，原一平从心底佩服吉田高僧。

在这之前，原一平只懂得一味蛮干，永不认输，也从不低头，即使跌倒了，也要抓一把土再爬起来，完全凭借自己的韧性，咬紧牙关过日子。

吉田和尚的一席话，就像当头一棒，把他点醒了。

临别，吉田和尚给了原一平一封介绍信，要他去拜见另一位高人——伊藤道海和尚。

聆听吉田和尚的一番教诲，原一平的想法完全改观了，思想的醒悟引导了行动的模式。

首先，他自己先做了一个彻底的反省。以往原一平偶尔也曾以"单眼"看看自己，但睁大"双眼"透视自己，则从未有过。

吉田和尚的一番话，使他茅塞顿开，从此崭新的原一平出现了。

从客户的批评中发现自己，改造自己

自从原一平得到高僧的指点后，他就努力去认识自己，改造自己。"要认识自己，去请教你的投保户吧！"吉田和尚的这句话还在原一平的耳边回响。于是，原一平策划了一个别开生面的"原一平批评会"。集会的目的是为了让大家能够坦率地批评他，所以要求投保户集会的时候畅所欲言，人数局限为 5 人，并且每次邀请的客户不能相同，为的是能够听取更多批评自己的意见，这样也能拉近与客户的关系。既然是主动邀请别人来的，就一定要热忱招待客户。所以每次开"原一平批评会"时，原一平都要准备五小瓶酒，五块炸牛排，五份礼物。金额虽不大，可是，相对于原一平当时有限的收入，可谓是一笔不小的开支。

为了成功举办"原一平批评会"，他还制定了一些小规定：

●集会名称：原一平批评会。

●时间：每月举行一次。

●地点：在安静的小饭馆里，以晚餐方式（每人一小瓶酒、一块炸牛排）举行。

●邀请人数：每次5人，并请其中一人担任会议主持。

●参加限制：已参加过一次的人，最少隔一年再邀请他出席。

●礼品：为感谢贵宾的宝贵意见，会后原一平会赠送一份可以让客户记住的小礼物。

刚开始的时候，原一平总觉得别扭，但是他没有动摇自己的决心，仍去拜访若干关系较好的投保户。

他对客户诚恳地说："我才疏学浅，又没上过大学，因此连如何反省都不会，所以决定召开'原一平批评会'，恳请阁下抽空参加，对我的缺点加以指正。谢谢！这是邀请函。"

原一平所拜访的投保户，觉得这种性质的集会很有意思，所以都很痛快地答应了。

面对投保户们爽快的应允，原一平既喜又忧。高兴的是，原一平批评会居然顺利地组成了；担心的是，他就要接受大家的直言批评了，不知道自己能否承受，内心十分惶恐。

"原一平批评会"终于紧锣密鼓地开始了。

第一次批评会就使原一平原形毕露：

——你的个性太急躁了，经常沉不住气。

——你的脾气太坏，而且粗心大意。

——你太固执，常自以为是，这样容易失败，应该多听听别人的意见。

——对于别人的托付，你从不知拒绝，这一缺点务必改正，因为"轻诺者必寡信"。

——你面对的是各色各样的人，必须有丰富的知识，你的知识不够丰富，所以必须加强进修。

——待人处世千万不能太现实、太自私，也不能要手段或要花招，一切都应诚实。人与人之间的关系，只有诚实才会长久。

面对眼前这种情景，原一平觉得自己好像被别人剥光了一样，一丝不挂地展现于大庭广众面前。他一面看着客户吃着自己提供的饭菜，一面听着他们指手画脚地批评自己。原一平真想大骂这群客户，但是不能这样做，毕竟他们是自己盛情邀请来的贵宾。原一平只好脸上红一阵白一阵地听着。

他把这些宝贵的逆耳之言都一一做了笔记，随时反省，激励自己。事后，他又跑到典当铺把自己的衣物当了，为的是准备下个月的"原一平批评会"的会务资金。以后，典当铺又多了个顾客——原一平。

在这样的情况下，"原一平批评会"按月举办，从未中断过。

每一次的"批评会"，他都有被剥一层皮的感觉。通过每次的"批评会"，他就有一次很大的改变。

他认为："一个人不可能没有缺点。有了缺点并不可怕，可怕的是自己发现不了自己的缺点，进而让这些可恶的缺点放大。所以说，人生关键在于认识自己，铲除劣根。随着劣根的消除，人就会逐渐进步、成长、成熟。"

原一平学到了改进自己缺点的最好方法，那就是发挥潜能——把自己的缺点变成优点；他也学会了如何"拒绝"以取得别人更大的信赖；还有推销员与客户间不卑不亢的态度、笑容的重要性等。

他把在"批评会"中获得的改进，体现在每天工作上。于是，业绩直线上升，每周举办的业绩排行榜他都独占鳌头。这可能才是原一平日后成为"推销之神"奠基的正式开始。

从 1931 年到 1937 年，"原一平批评会"连续举办了 6 年。

在这 6 年中，原一平最大的收获是，他把自己暴烈的脾气与永不服输的好胜心理引导到了一个正确的方向。

以前的原一平虽然矮小，但是争强好胜，一副野蛮的样子，大家见了他如遇瘟神一般。如今的他，仍然爱与他人比个高低，只不过对象改变了，他与"自己"这个最大的敌人来对比。他永不向任何人低头服输，包括自己。

"坐禅修行"，自我省悟

在组织"原一平批评会"的同时，原一平带着吉田和尚的介绍信，去向另一位高僧——伊藤道海虚心求教。

伊藤和尚接到介绍信后，打量了一番眼前的小矮子，觉得此人可塑。接着伊藤和尚劝原一平坐禅修行，如果能够那样做必能悟出道理来，原一平欣然接受了。从那时起，原一平照旧做着推销保险的工作，但到星期六傍晚，工作告一段落之后，他就到总持寺报到，晚上睡在寺庙里，第二天清晨三点起床，打扫完毕寺院后，就开始一天的坐禅，开始赤裸裸地注视自己，开始彻底地反省。

"原一平批评会"与"坐禅修行"密切配合。原一平清清楚楚地记下了两种情况下的自己。

面对"不同"的原一平，他努力把"他们"逐渐结合起来，试图创造一个崭新的原一平。这是一个艰巨而浩大的工程。

"两个原一平"时常发生矛盾,让真正的他难以把持。有好几次,他把那无法修改的原一平丢在禅房里,痛苦地跑出总持寺,踯躅于东京街头,在大雨中狂奔。

这就是原一平自己为自己戴上的两个紧箍咒。可是,一个月接一个月的"批评会"与一周接一周的"坐禅",让他感觉自己像一条成长中的蚕,在逐渐蜕变。

从 1931 年开始,连续 6 年,原一平排除万难,坚持做三件事——推销保险、举办原一平批评会、坐禅修行。进入明治保险公司的第一年(1930 年),他的业绩为 16.8 万日元,第二年为 18 万日元,第三年业绩达到 68 万日元,到了第七年,即 1936 年,他的业绩遥遥领先于其他同事,并且名列全日本第二名。

倔强的原一平当然不满足于这些,如果再想"百尺竿头,更进一步"是难上加难了,为了突破自己的极限还得再下苦工夫,进一步"修身"。

倾听更多人对于自己的责骂和批评

连续举办了 6 年的"原一平批评会",已经无法满足原一平的需要,他渴望更深入、更客观、范围更广的批评。

有一天,原一平灵机一动,请了若干朋友和客户帮忙,借用他们的名义,雇用征信所的人来调查自己。调查项目由原一平拟定,经过朋友或客户转交给调查的人。

调查内容包括:对原一平的评语,对原一平的信用评价,对人寿保险的观感（投保户的看法、希望，还有原一平的宣传工作是否到位），对原一平所在公司的评价。

从上述调查内容的项目来看，原一平是想把这些信息统计下来，做彻底的综合分析，查找出客户难以发现的客观问题。

刚开始，原一平觉得这一招实在太损了，对自己太苛刻了，他真的想放弃这个"愚蠢"的举动。可是，原一平想归想，做归做，一点也没有当年那种一味一意孤行的性格，征信所就这样开始着手调查原一平了。

不能满足原一平的"原一平批评会"也就悄然隐退了。此后，每年举行一次的征信所调查就在他以后的推销生涯中开始了，并且从未中断过。

征信所的调查资料中既有责骂也有赞美。原一平从来不看赞美的东西，他要的是责骂与批评。因为，赞美只能给他短暂的欢愉而已，只有责骂与批评才会督促他更上一层楼。

原一平极为珍惜每一则责骂与批评，他一一"细嚼慢咽"，直到完全消化为止。

保持饱满的精神、平和的语气

原一平从自己的销售工作中发现，保险业务员的精神状态是否饱满，直接影响着拜访客户、推销产品的效果。一般来讲，保险业务员在销售产品时，如果神采奕奕，精力充沛，显得充满自信，就能激发客户购买的欲望，并可很快达成协议；如果萎靡不振，无精打采，就会使客户反感，不愿与你交往、做生意。所以原一平在推销保险时，不管太阳多耀眼，他都不戴太阳镜或有色眼镜，每年炎夏都被晒得黑黑的。因为，眼睛是人心灵的窗口，能准确反映一个人的内心世界和品德面貌，露出眼睛就是向客户敞开你的心扉。只有让客户看见你的眼睛，他才会相信你的言行，他才会感到你是值得信赖的，他才会有安全感，他才乐意买你的产品。

语言也能较好地反映出保险业务员的精神状态。一般来说，低调的语言比高调的语言温柔，因为前者比后者的声音丰富。原一平为了使自己的语音有磁性，经常在坐禅修行时，拿出一本非常不喜欢看的佛经，耐着性子，一句句有声有色地朗诵。其实，在"原一平批评会"上就有人给他提出过，说他说话的语速不协调，而且语无伦次。

原一平为了达到心平气和、语调适中地为对方讲保险知识，花费了不少精力。一次，原一平突然想到，在他经常路过的大树旁，有一只大狗被拴在那里，并且每次当他经过时，都凶巴巴地朝他叫。原一平觉得到这只狗的附近去练习自己的能力效果一定会不错。

就这样原一平跑到离大狗两步距离的地方，蹲下来便对着大狗讲起保险知识来。这只大狗狂吠，每次叫一声，原一平的心就揪一下，大脑里的神经链条就被打断一下。可以想象被束缚的狗，一旦挣脱铁链，准会伤人的，但是他还是壮着胆子接着讲下去。

就这样练习了两个多月，自己终于可以面对客户心平气和、语调适中地讲保险知识了，无论有多大的外界干扰，他依然谈笑风生、游刃有余。

敏锐地观察和判断潜在客户

原一平觉得自己太缺乏观察力和判断力了。以前的原一平只是凭倔强，一味追求成功。在坐禅修行期间，他就想培养自己对客户的观察力和判断力，可这是需要磨砺的。

有一天，他盲目地来到一家住户，什么也没观察，推门就进，滔滔不绝地向人家介绍保险知识。结果，被人家骂了个狗血淋头。为什么呢？原来这户人家穷得连锅都揭不开，怎么会关心什么保险呢？这样做不但打扰了别人，也浪费了自己的时间。

从此以后，原一平努力改造自己，努力培养自己敏锐的观察力和判断力。他检讨自己，总结出陌生拜访前首先应观察：

门前卫生的清洁程度；

院子的清理状况；

房子的新旧；

家具如何；

屋里传出的声音；

整个家庭的气氛；

然后，发挥判断力，做出判断：

此户人家有无规矩，是严谨还是松散呢？

此户人家经济情况好吗？

家庭中的气氛明朗健康吗？

家庭中是否有病人呢？

如经济情况良好，那么对人寿保险有兴趣吗？

若因经济拮据或家中有病人而无法投保，那么将来的发展又如何？

具备了这两种能力后，原一平如虎添翼。

用诚恳的态度推销自己

"你对客户一点也不诚恳，有时简直是个痞子。"这是在"原一平批评会"上一个客户直言不讳说的话，当时原一平气得直想吐血，但是他嘴里还是对这个客户说一定改。

原一平在竭力改正错误的同时，也深刻发现诚恳的态度的重要性。一个保险业务员在推销保险产品时，对待客户的态度诚恳、热情，语言就会表达得自然亲切，措辞准确得体，文雅谦恭。所以不管对待什么样的客户，他都会以平等而热情的态度、诚恳而坦率的面貌出现。对有钱、有权、有势的人不阿谀奉承，对地位低下的人不藐视、不冷落。这样，保险推销员就能给客户留下良好的形象，有利于促进销售的成交。

有些保险业务员看人下"菜单"，不一视同仁，有些保险业务员在客户面前低声下气，客户刚一转身还没走多远，就在背后对客户说三道四，奚落客户；更有些保险推销员在产品卖出前对客户笑脸相迎，百般殷勤，产品卖出后对客户不苟言笑，眼中再也没有客户了。这种言行不一、表里不一、售前售后不一、人前人后不一的行为，给客户留下了极坏的印象。

应该说保险业务员不单单在推销产品，也在推销他自己，推销他的公司，推销他的国家和地区。客户从保险推销员的态度上，可以了解他的产品、公司，了解当地的民情风俗。这便是原一平改造自己后对工作态度的深刻体会。

成功的驱动力：树立远大的目标

以前原一平以"乞丐"方式生活的真正原因，是他想"复仇"，他想把那"嘿！嘿！嘿！"的笑声击碎，这是原一平刚到明治保险公司时的目标。

而今，他在寻找自己的目标。在塑造自己的同时，他的目标终于改变了。"我要做首席推销员。"他经常这样提醒自己。

他在年过花甲的时候，依然追求着这个崇高目标。在不断追求这个目标的基础上，原一平终于荣登"推销之神"的宝座。

争取更多的时间

成功人士的成功是来之不易的。原一平日后的辉煌是用汗水浇灌出来的，是凭借其艰苦努力得来的。

在努力认识自己时，原一平总觉得力不从心，主要问题就出在时间上。虽然他每天起得也很早，但是浪费在路上或乘电车的时间太多，他就想怎样才能把这段时间节省下来。

一天，他在电车上看到一个日本小女孩拿着画册在津津有味地看。突然，他觉得：这个小女孩不就是在节约时间吗？

从那天起，原一平每次乘电车，手里都拿一本厚厚的客户信息看，并且走路时也不忘看。

原一平就这样拥有了自己的"移动办公室"。

别人问他为什么要这样折磨自己，他便笑嘻嘻地告诉对方："我现在是在增加自己的寿命，每天都向上帝多要一点点时间，算下来要比一般人多活十几年呢。"

高超的谈话技巧是推销成功的必备工具

提高谈话技巧是每个业务员的首要任务。

要相信自己说话的"磁力"。

每天不断地加强沟通能力。

原一平成为推销之神，他把成功归功于他高超的谈话技巧。原一平认为说话时必须掌握以下几个要点：

（1）语调要低沉明朗。明朗、低沉和愉快的语调最吸引人，所以语调偏高的人，应设法练习使之变为低沉、迷人的感性声音。而太低的音调会让对方听不清楚，所以应努力把音调提高至适中程度。

（2）发音清晰，有声有色。发音要标准，要有感情。改正说话吞吞吐吐的缺点，最好的方法就是朗诵一些诗歌，久而久之就会有效果。

（3）说话的语速要时快时慢，恰如其分。遇到感性的场面，语速当然可以加快；如果碰上理性的场面，则语速要相应适中。

（4）做到恰如其分。说话注意有序的停顿。

语句不要太长，也不要太短，有时停顿会引起对方的好奇或迫使对方早做决定。

（5）音量大小的掌握。音量太大，会给对方造成太大的压迫感，使之反感；音量太小，则显得你信心不足，不够坚强。

（6）说话与表情相配合。懂得在什么时候配上恰当的面部表情，这样说话更有魅力。

（7）谈吐高雅，举止文明。使对方感觉到你是个有魅力、有素质的人。

（8）笑的配合。笑是一种艺术，使你更富魅力，有时也是成功的关键。

千万不要让准客户有"被迫接见"的感觉

不要让准客户有"被迫接见"的感觉。一般的准客户对业务员都怀有戒心，利用强硬的手段，非但没有效果，反而会增加他对你的抵触情绪。

原一平从来不采用这种"被迫接见"的方法。

原一平虽然性格倔强，争强好胜，但他从未对客户无理过，因为他深知寿险业务员主要的任务是发现准客户，他的"被迫接见"不同于别的"被迫接见"方式，原一平是在尊重别人的客观基础上，步步为营，使得对方在轻松的环境下，进入原一平"被迫接见"的圈套。

有一次，他想通过电话约见一位准客户的表哥，也就是间接发展其他准客户。

"你好，是某某文化公司吗？请你接总经理室。"

"请问你是哪位啊？"

"我叫原一平。"

"请你稍等一下。"

电话转到总经理室。

"哪一位啊，我是总经理。"

"总经理，你好，我是明治保险公司的原一平，我听说你对继承权方面的问题有研究。所以今天冒昧地打电话给你，几天之前，我曾拜访过你的表弟，与他研究了继承方面的问题，不过我觉得没有使我真正满意，所以今天我想与你再来研究一番。"

"嗯。"

"事情的经过你问你表弟就知道了，我本来可以叫你的表弟写一份介绍函再来向你讨教，不过这样似乎有强迫的味道……我觉得还是自然点好，也能主观地尊重你……"

"嗯。"

同样一声"嗯"，但第二声比第一声亲切多了。

"怎么样呢？"

"既然是这样，咱们约个时间谈谈也好。"

尊重准客户，重视准客户。谈话之中要注意分寸，尽可能避免无形中对准客户的伤害。

透过你的坦诚，准客户会对你产生某种安全的感觉。

原一平认为，对这些陌生客户的开发，千万不能生硬地问人家是否投保，这样你永远都成功不了，就算是有幸运之神，他也将会避你而行。首先，你应谈一些双方都感兴趣的事，这就是建立亲和力；其次，你在推销产品之前，首先要想到应该如何把自己"推销"出去。如果一个人都能把自己"推销"给客户，那么还有什么东西推销不出去呢？然后，慢慢地进入客户频道，发挥你的口才与潜力，这样才能顺利成交。

借助礼物虏获客户的心

对方是否有心加入你的准客户群呢？关键在于你是否有能力收买他们的心。从古至今，"得民心者，得天下"，即赢得人心是重要的。不管对方多么蛮横霸道，但他终归是个人吧！是人就有感情，所以搞推销也要学会"攻心为上"的策略。

原一平就曾经用送礼物的方式换取别人的心。

给客户送礼很有学问，送多了自己负担不起，送少了又显得太寒酸。最好的礼物是物超所值并且又让客户觉得过意不去的礼物。

原一平为了发现新的准客户，经常给他们送"大礼"。通常，原一平的第二次拜访比第一次规矩，把握"说了就走"的原则，找个机会讲几分钟就走。

问题的关键就在第三次访问。

有一天，原一平去拜访一位准客户。

"你好，我是原一平，前几天打扰了。"

"瞧你精神蛮好的，今天没忘记什么事吧？"

"当然，我不是向你推销保险的。不过，我有个请求，能不能麻烦你请我吃顿饭，我今天忘带钱了，可以吗？"

"哈哈，你是不是太天真了，今天我心情好，进来吧！"

"既然厚着脸皮来了，很抱歉，我就不客气了。"

盛情感谢对方的款待后，没过几天原一平立即写了一封诚恳的致谢信。

"上次贸然拜访，承蒙热诚款待，特此致函致谢。晚辈十分感动！"

另外，原一平还买了一份"厚礼"，连信一起寄出。

关于这份特别礼物，原一平自有标准：

如果吃了准客户1 000日元，原一平就回报他2 000日元的礼物。

第三次访问过后20天，原一平会做第四次访问。

"嘿，老原，你的礼物收到了，真不好意思，让你破费啦！对了，我刚烧好了菜，吃个便饭再走吧！"

"谢谢你的邀请，不巧今天另有要事在身，不方便再打扰你了。"

"那么，喝杯茶的时间总还是有吧！"

人与人之间的感情，正是在日积月累之中逐渐建立起来的。

原一平利用以"礼"换"心"法，赢得了庞大的准客户群。

投其所好的客户攻略

初次拜访可以使不认识的人成为你的客户，只有这样，才可以为保单的成交做好铺垫。不过，如何接触陌生人呢？这个问题以前也经常困扰着原一平。

经过多年的实践经验证明，最好的办法就是投其所好。培养自己了解客户的爱好或兴趣，这样如果以后有机会接触客户，你就会很清楚地了解对方是否有购买的意愿。

原一平曾多次去拜访一家企业的老板，由于各种原因，他用尽各式各样的方法还是无法接近老板。

有一天，原一平终于找到了灵感。他看到老板家里的佣人从老板公馆的另一个门出来，原一平灵机一动立刻朝那个佣人走去。

"大姐，你好！前几天，我跟你的老板聊得很开心，今天我有事请教你。请问你老板公馆的衣服都是由哪一家洗衣店洗的呢？"

"从我们公馆门前走过去，有一个上坡路段，走过上坡路，左边那一家洗衣店。"

"谢谢你！另外，你知道洗衣店几天会来收一次衣服吗？"

"这个我不太清楚，大概三四天吧。"

"非常感谢你，祝你好运。"

原一平顺利地从洗衣店店主口中得知老板西装的布料、颜色、式样等资料。

而后，原一平匆匆来到西装定做店，要求马上定做一套和这个老板穿的西装一模一样的西装。

西装定做店的店主对他说："原先生，你实在太有眼光了，你知道企业名人某某就是我们的老主顾，你定做的西装，花色与式样与他的一模一样。"

原一平假装很惊讶地说："有这回事吗？真是凑巧。"

店主主动提到企业老板的名字，说到老板的西装、领带、皮鞋，还进一步谈了谈这位老板的嗜好。有一天，机会终于来了，原一平穿上那套西装并打了一条与之搭配的领带站在那位老板面前。

"老板，您好！"

如原一平所料，老板大吃一惊，一脸惊讶，接着恍然大悟，"哈！哈！哈！哈哈……"

对于重要客户，不妨守株待兔

大家都听过守株待兔的故事，可能会觉得这个守株待兔的人很可笑。原一平回忆起自己为了见一个非常难见的大公司老板，也曾经做过这等可笑的事。其实寓言中显得荒唐的事，在现实中，也未必不是上策。

世界上最伟大的推销员，通常也是失败次数最多的人。失败乃成功之母。面对困难有两种心理，一是立刻放弃；二是等待时机。只要有一点点成功的可能，就永不放弃。

有一次，原一平打算拜访某公司总经理，这位总经理日理万机，是个不折不扣的"大忙人"，连见他一面都很困难。

经过再三考虑，原一平决定采用直冲式拜访法。

"你好，我是原一平，我想拜访总经理，麻烦你替我通传一下，只要几分钟的时间就可以。"秘书是位训练有素的人，进去一会儿后回来对原一平说："很抱歉，我们总经理不在，你以后有时间再来吧！"

原一平走到公司门外问旁边的警卫："警卫先生，车库里那辆轿车好漂亮啊，请问，是你老板的座驾吗？"

"是啊！"

原一平守在车库铁门旁，竟不知不觉睡着了，正在此时，有人推开铁门，原一平吓了一跳，回过神时，那辆豪华轿车已载着总经理扬长而去。第二天，原一平又来见秘书，秘书还是说总经理不在。

原一平知道硬撞不行，决定采取"守株待兔"的方法。他静静地站在该公司门前等待这位总经理的出现。

1个小时、2个小时、10个小时过去了，原一平还在守候着。

功夫不负有心人，原一平终于等到总经理的豪华轿车出现了，他一个箭步跑过去，一手抓着车窗，另一手拿着名片。

"总经理，你好，请原谅我鲁莽的行为。不过，我已经拜访您好几次了，每次都不让我进去，在万不得已的情况下，我才用这种方式来拜见您，请您多多包涵。"

总经理连忙叫司机停车，打开车门请原一平上去。

这位总经理非常欣赏原一平这种敬业的精神，拍着原一平的肩膀说道: "如果我们公司的员工都像你这样就好了。"

结果,总经理不但接受了访问,还向原一平投了保。

培养与客户交流的魅力,扫除沟通路障

作为一个人,你首先要懂得交流。更何况,要想成为 21 世纪的业务精英更要明白与客户交流是每个业务员最基本的素质。不过,与客户交流达到炉火纯青的地步,可谓是难上加难。

所以,原一平为了使与客户的交流畅通无阻,在日常生活中不知练了多少年,甚至一辈子都在塑造这种完美的交际能力。

下面的三种方法都是原一平自己多年的经验。

1. 先肯定对方

原一平说推销员最常遇到的场面就是遭到顾客拒绝。

这时你不妨应用"是的,同时"方法——先有弹性地接受顾客的反对意见,然后说"同时,您觉得这样是否更妥呢",重新说明自己的主张。这种方法比直接否定更能给对方留下深刻的印象。愈是优秀的推销员愈善于运用此法。

但是,当你与客户的意见有分歧时,千万不可说"但是,不可能"的话语。因为你是为了推销才接触对方的,你是有目的的;而对方接触你是没有理由的,甚至是一见到你就讨厌的。所以当对方说出与你截然不同的意见时,你也要微笑点头赞同。轮到你阐述意见时,想反驳对方必须要以"同时"做开头。

大家可以相互练习一番,用"同时"比"但是"的语气婉转多了,并且还尊重客户。如果以"但是"开头,客户会觉得你用生硬的语气来否定他，他也就不会理你了。如果客户不和你交流，那么你就无法提开你的业绩。

在神经语言程式学上，利用"同时"来否定你尊重的客户，使你客户莫名其妙地肯定你，是完全符合每个人的神经程式的。

2. 直接否定顾客的言论

譬如在与顾客刚接触时，顾客常会以"没有钱买""没有闲暇"来打发推销员，那么你可以这样反驳："这没有关系，我们目前站在顾客立场上，若没有余力的话，可采用分期付款的方式，1个月只需1 000日元"、"你说笑话了，有余力的人才会这么说"、"我只需借用1分钟……"、"您是否听说过忙里偷闲呢"等。

聆听顾客的意见固然重要，但不可因顾客有反对意见，就丧失信心，而动摇立场和打退堂鼓。你必须婉转地提出自己的看法，这样既尊重了客户，又说出了自己的意思让对方反思。当然，要避免说话时教训意味太重，否则就会破坏愉快的气氛。

的确，引起拒绝或反对的因素一般都取决于客人，但在某种程度上却是因为推销员在销售现场所做的说明无法获得顾客的信赖，也就是说，是推销员销售技巧的问题，这些都应该反省。

3. 不要给对方说"不"的机会

有些销售新手不知道怎样开口说话，好不容易敲开顾客的家门，却硬生生地说出："请问您对××商品有兴趣吗？有没有购买××商品？"得到的回答显然是一句很简单的"不"，然后就搭不上腔了。

成功后的原一平告诉后起之秀用什么方法让对方没有说"不"的机会。

问对方不得不回答"是"的问题，经过多次问答，就可以使客户形成一种"惯性"，无形之中，便培养起了对方想答"是"的心理定式。这样为你最终的成交积蓄了力量。

推销员的开场白最好是自己特意设计好的，并且要符合一般人的思维模式，可以参考一下神经语言程式学，这样就可以做到对待什么样客户，说什么样的开场白，让对方找不到回答"不"的问题。首先提出一些接近事实的问题，让对方不得不回答"是"，这是和顾客结缘的最佳办法，非常有利于销售成功。

下面是原一平用过的开场白。

"哦，好可爱的小猫，是波斯种的吧？"

"是的。"（事实如此，不得不这么回答）

"喂！您看那双宝石眼，真漂亮！您一定每天都会细心照顾它，很累吧？"

"是啊，不过是一种喜好嘛，就不觉得太累了。"（对方很高兴地回答）

每当原一平遇到有宠物的人家，总是这么与顾客搭腔。这种办法确实容易引起对方的共鸣，从而引导对方作肯定的回答，再逐渐转移话题，言归正传。

首先引出容易被别人接受的话题，是说服别人的最基本方法。一般进入正题前，先问对方 6 个有肯定答案的问题。推销员如果一开始就说："你要不要买我的商品？"总是不能奏效，所以不如先谈些商品以外的问题，等谈得投机了再进入正题，这样对方就容易接受了。就好比你初遇某位小姐，非常中意，便开口问："小姐，你嫁给我好吗？"如此唐突，即使她对你怀有好感，也会被你吓一跳。

如何与客户初次打交道

原一平说过，与客户初次打交道最能体现出一个业务员素质的高低。

1. 初次见面对客户的称呼

在与客户初次见面时，首先要建立亲和力，所以必须设法引起客户的兴趣和注意，即寻找话题，而寻找话题的第一步骤就是"称呼"。

称呼是否得体很关键，但也不要太恭敬，开口闭口"××先生""总经理先生"、"董事长先生"，并不见得就能收到好的效果。

原一平认为推销工作最重要的是与客户建立亲近的关系。如果老是采用恭维的称呼，恐怕无法缩短彼此间的距离。

与客户接触熟悉后，称呼"先生"、职位名或者"您"就已经够礼貌了，不必太拘束。

不过，应该注意的是，亲近也应该有个尺度，千万不可无礼地拉近彼此之间的距离。

2. 初次巧问问题

乔·吉拉德曾经这样向自己的同事传授经验，如果你在推销时，开口便问"您现在有没有自己的汽车？"如果是朋友或熟人之间的交谈，当然会告诉你事实，但在面对推销员时，客户担心被强迫买车，实际上没有车也会回答"有啊！"立即截断话题。

原一平针对如何推销汽车，曾经这样指出过，目前发达国家是普及汽车的时代，所以推销员如果用肯定的口吻问："您已经有车了吧？"可能意外地套出"还没有"的确定回答。由此可把握顾客是否有车的真实情况，从而对症下药。

如果顾客回答"有"，这时，不妨接着问"什么牌子的"或"是不是××汽车"，如果回答"不是"，不妨再问"是××的吗？"以此方法逐次追问，就可知道他所拥有的是什么牌子的汽车。

如想知道客户什么时候换新车，不妨先问"将来准备换车吗？"之后故意把话扯得更远，如"明年春天吧？"就可以套出"不，今年秋天准备换新车"的真实答案。

可见发问也需要一套技巧。

3. 记住客户的大名

"人过留名，雁过留声"，人爱其名犹如爱自己的生命。因此，你要想运用别人的力量来帮助自己，首先要尊重别人的姓名。

原一平在推销保险生涯中，每次与初次见面的客户交谈后，都会回去在工作簿中留下对方的大名，并且清楚地记下第一次交谈时对方的性格、态度，以便下次见面时能说出客户的名字。

如此重视客户的姓名，使客户倍感亲切和受到尊重，会让对方大吃一惊，对自己接下来的工作也会有很大帮助。

在推销界，"记忆姓名法"是受到极力推崇的。许多杰出的推销员对人名的记忆都很惊人。

信任是交易的开始

原一平认为，客户对你的信任是非常重要的，因为信任是交易的开始。

1. 运用恭维的说法

"明天我去拜访你，方便吗？"

客户一听可能会马上回答："不方便。"

那么你所做的就是无用功。

"××经理，您有没有兴趣了解××，如果有兴趣的话，明天我亲自拜访您，不过这样会耽误您 10 分钟时间，不知道可不可以呢？"客户可能会回答："20 分钟也可以。"

这样你就有可能面临着交易。

应避免用生硬的话语与客户说话，不然客户总有点压迫感。初次打交道时，首先要让客户对你的言辞产生一定的信任感，那样你才算得上是个合格的推销员。

2. 会察言观色

"察言观色"在推销过程中，是刚进入成交阶段的一个关键。因为推销员必须正确把握客户购买心理的 5 个阶段，促使成交。这 5 个阶段是：

①注意；②兴趣；③欲望；④记忆；⑤行动。

"噢！"或"哇！"惊讶的表情——表示可能已引起顾客注意。

"嗯！"欣赏的表情、手拿说明书——表示已有兴趣。

专心地看说明书或提出有关问题——表示产生欲望。

眼睛飘浮，显示在思考——不论顾客现在是否正与其他公司产品做比较，或想象使用的快感，顾客内心似乎已留有印象。

3. 对自己的产品有信心

进行推销后，客户的心意转变，开始对商品表示有兴趣时，便轮到你介绍商品了。介绍商品最重要的是首先要对自己的产品树立自信心，进而才能引起对方对产品的信任。

对自己的产品都没有信心，当将其介绍给客户时，自己一点也不熟悉，客户一定会想："连自己的产品都不熟悉，怎么让我买？"

介绍产品时，开始可运用一些开场白缓和彼此间的陌生感，如"天气很不错""孩子真可爱"之类的话，而后再进一步引起顾客的兴趣，态度轻松自然地开始介绍商品，会让客户感觉到你对自己的产品很有信心，随后客户也会莫名其妙地进入你的"频道"之中。

持之以恒：当客户拒你于千里之外时

众多客户中，有的客户文质彬彬、客气礼貌，给推销人员一种可谓"温柔的压力"，这种无形的力量使人感到无缝可入。有的业务员推销产品时，总是被客气地"赶"了出去。下次再拜访，依然碰到"笑面虎"，只好决定放弃这种准客户。

原一平在讨论到这一类客户时分析说：一般业务员在进行推销时，常常会遇到这样的客户，业务员上门访问时，客户会说："来，来，里边坐。喝茶！大冷的天儿，还跑过来，真不容易呀！"客户笑嘻嘻地说道。

当业务员介绍商品的性能、质量时，客户会推辞说："哦！我明白了。你的口才不错。我们公司很需要这种产品，不过，这会儿财务紧张，真抱歉！耽误你时间了。过段时间我给你打电话吧。"

当业务员讲到优惠条件时，客人会装作惊讶的样子说："这个条件很有吸引力，真想不到会有这么好的条件。唉，可惜我们现在资金周转上有点问题，所以，我们没福用你的好产品，不过，还是谢你了。"

原一平指出，其实这类客户的心理状态大多是希望给人亲切随和的感觉。这些彬彬有礼的客户，喜欢使用"和蔼可亲"的言辞，然而其真实的心态却恰恰相反，大多高傲自大，他们有很强的虚荣心。于是他们不自觉地采取了表现相反而实质不变的方式，表现出自己虽然是个重要人物，却十分和蔼可亲，平易近人，即使是对上门推销的业务员也恭敬有礼。其实这种"和蔼""恭敬"仍然是一种居高临下的"恭敬"。这只是一种形式主义，他们用这种方法变相地把业务员"请"走，而且业务员还以为此人不愧为高级主管人员，平易近人。其实，那只不过是虚伪的"恭敬"。

在很多人看来，业务员为了让客户买东西，自然是吹得天花乱坠，其实却并不可信。之所以出现这种情况问题就在于这些人总觉得还是不和业务员打交道，小心别上当吃亏为好；最好不要当这种傻瓜，三言两语推辞掉是最安全的方法。

原一平说服这种人的方法一般是，用恒心来打动他们虚伪的心。另一个办法，就是推荐一个威望比客户更高的人做拜访的介绍人，直接来强迫客户。但主要还是与客户的沟通，以融洽的气氛，让对方信任你。

当遭遇专家型客户时，以守为攻

现代很多推销行业，客户都多少了解一点，特别是保险。有的人一见到保险业务员就开口道："你别说了，我比你知道得多，保险的险种有很多，比如……"说得也头头是道，弄得业务员不知所措，一头雾水，继而只能扭头便走。

原一平认为，这类客户，自以为很伟大，就像一个上司正在做报告一样，令你毫无对策。当你向他推销产品时，他表现出一种不屑一顾的态度，总以为你懂的都在他的知识范围内；当你转移话题，将说话的内容转到谈一些层次比较高的事情时，他也不感兴趣；反正，他永远都是"专家"，有时还给你提点儿刻薄的问题，让你下不了台。

这种客户的心理有两种情况。

1. 业务员没有什么了不起

总以为对方和自己有很大的差距，因而在内心产生一种优越感。他们自认为是高一层次的人，对那些他们认为是低一等的人不屑一顾，对保险业务员更是如此。

形成这种心态可能源于非常讨厌业务员，特别是一些登门拜访的。所以他们自己以狂妄的态度来对待业务员，觉得业务员层次低。

2. 不要与这些业务员接近

高高在上的人，不容许别人谈论自己的缺点，同时也将自己的弱点深深地隐藏起来。这一类人，假装对某领域很专业，其实可能只是道听途说，以一种高姿态来对待业务员，意思是：我是专家，快点走吧！我都明白，不必再介绍了。

人的气质性格与后天因素有很大关系，你所处的环境对你的性格起着很强的作用。像这一类客户害怕自己掉入你的陷阱，怕被纠缠不休，所以不敢让你介绍。他们这是在防卫，不得不用某种方式来进行自我保护，但他们同时也希望能引起他人的注意，希望别人给予他很高的评价。

这一类客户，保险推销员很难对付。他们令人很难友好地交谈，更不必说与他们开开玩笑、说说俏皮话了。但是，如果仔细对他们做一番研究，你会欣喜地发现，这类客户其实是最好对付的一种，只要你采取了恰当的方式。

"你别说了，我来说，你听……"

"好的，我向您请教了！"

当他说完后，你还要加以夸赞一番："哇！你对我们的产品很关注呀！"或"不错，你讲得太对了，你真是专家。"

当客户正陶醉在自大的感觉中时，你可以突然提问题："××先生，你所知道的还有什么呢？"他可能还有知道的，让他接着说。当他说："我不知道了。"这时你就可以发表自己的意见了。

"那好，我站在客观的角度帮你补充几点可以吗？我觉得你对我的产品很感兴趣，应该会听的，你说是吗？"

不让对方回到现实，应继续恭维，让他继续沉浸在"自高自大"

的自我陶醉中。

他肯定会回答说："嗯，你说吧！"

这样你就算击破了他的第一道防线。

对寡言少语的客户，揣摩其身体语言

少言寡语的客户是不好对付的，因为不管你介绍产品多熟练，多生动，他还是漠不关心，依然不说话。

原一平指出，只有当业务员与客户沟通后，才能够知道他是否购买；而面对那些少言寡语的客户时，你就不那么幸运了。

这个时候你就要从他的身体信号中捕捉你所需要的信息。

有些客户不爱与人说话，虽然寡言少语，但态度倒是蛮不错的，他们主要是不善言辞。对于你的到来以及你的推销，他从始至终都报以微笑，表示欢迎。"相当不错的商品，它会使你在短时期内业绩提升 30％～50％，你有兴趣吗？千万要把握住机会。"这些话在一般情况下都会引来客户的反感，但是他依然不温不火，一脸和气，不见一丝愠色，更没有"要打发你回家"的意思。

这下把你给搞糊涂了：对方到底有没有兴趣呢？说他没诚意吧，他却有那么好的态度，他的表情分明是"有些动心"嘛！可有诚意，为什么他又不开口说话呢？是想"逃避"吗？不会，否则不会在这儿坐这么久，始终和颜悦色地听你讲。那么是你来得不是时候，正碰上客户身体不适，不宜说话？也不像啊，对方明明是一副身体健康、精力旺盛的样子嘛。哦！原来是因为客户内向，不善言辞。

那么到底如何解决这些问题呢？是继续介绍呢，还是扭头就走呢？继续介绍，他依然报以微笑；跟他讲故事、讲笑话，他还是一样。原一平曾经碰到这类难缠的客户，真想把对方一张微笑的脸打花了。

原一平认为，碰到这种客户，首先要从他的形体语言、神态来分析。

抓住他们的心理，从外表观察。如果你是个洞察力很强的业务员，你就可以在时机成熟后，拿出协议书向他展示："你看，×× 先生，我已经介绍完了，如果你还有不明白的，可以问我。如果你很有兴趣，那么你还犹豫什么呢？"这时，把你的笔递给他让他签字。

所以看客户是否有兴趣，只能看他的大笔是否挥了。不签字，说明客户根本没兴趣。

这在神经语言学上叫作强迫性交易法。

要完成对上述这类客户的促销，关键看你是否能捕捉到对方的真实意图。所谓"知己知彼，百战不殆"，掌握对方的心理动向，是制胜的根本保证。这种洞察力是靠自己培养的。

如何捕捉他的真实意图要讲究方式方法。首先，这类客户几乎都不开口，你不可能从他的话中打探到什么，这样你唯一的方式就是"察言观色"。通过对客户的表情、举动的研究，捕获那些暗藏在他"形体语言"中的信息。原一平"察言观色"的能力特别强，而且捕获的时机很准，这都是他自己经验的延伸。所谓"察"，不光要看对方的举动，还要将他前前后后的各种反应综合在一起来看，作一个纵向的比较，也就是说，片面地抓住一个小举动，很容易判断错误。例如，这类客户的一些动作给人好感，但切不可因此就对他下定论，因为他往往表达的是反意。所以说，要多方面考虑各种因素，作一个综合性的判断，准确率才比较高。

运用手势提升自己的生气和魅力

原一平曾经指出：一个优秀的保险业务员不能光会靠嘴说，也要运用肢体语言，尤其是手势，帮助说话更为重要。

手势的目的是为了进行强调或进一步澄清某个信息，它比说话更有吸引力，也更具感染力。有效地使用手势，会使有个人魅力的人显得更有生气。你可以观察一下，一般人们说话都是频频做手势，这样可以给客户留下一种亲近感，这种表达方式往往需要其他非语言行为的配合，特别是面部表情。使用这种方式表达感情，可以增强你的个人魅力。

有时候搔后脑勺表示这个人已经在认真思索你的问题了。这个动作容易给人留下热情、谦恭的印象，所以有助于增强个人魅力。用手捂嘴这个动作常常意味着神秘感，因此提升了做手势者的个人素质。作为业务员，你要记住手势是你热情的标志，是你修养的表现，更是你魅力之所在，而一旦从客户的动作语言中发现有购买的欲望，就要立即抓住不放。

手势就是你说话有力的辅助，别人可以从你的肢体语言上看出你与众不同。

在日常生活中，一个人说话很有感染力，可惜从不爱打手势；另一个人说话同样有感染力，并且在演讲时，经常做出激昂的手势，可以想象一下这两个人，哪个人的演讲更有说服力呢？

无可争议，做手势是展现你的魅力和权威的好方法，看看下列这些非语言的手势信息是否能够增加你的魅力：

用力在空中挥动拳头，表示"出发！"

伸出一个手指作为指示棒，向别人指路。

开手掌拍打对方的手，表示同意或表示祝贺。

向上跷起大拇指，称赞对方做得好。

伸出食指和中指，让它们形成"V"字形，其余的手指聚拢，表示祝福对方的胜利。

向上伸出两只胳膊，把两个拳头高举，表示欢呼胜利。

把手合拢到自己的嘴边，以表示很神秘。

手合抱，表示祝福对方。

轻捏一下自己的耳朵，表示在认真思索。

单手向地板的砍势，表示开始或停止。

希望每个业务员都能有自己独特的手势，这能促使你的客户从你的手势中信任你。

练就价值百万美元的笑容

任何业务员都明白推销这行少了笑是绝对不行的，这就是笑的魅力。

原一平指出，笑容是与人交流的最好方式，对于推销来说更是重要。他在日常观察中指出，一个人在发怒之后，必须用笑来中和一下，如果只怒而不笑的话，那么这个人的情绪势必会失去平衡，呈现一种焦躁不安的情况，而难以与人相处。因此，作为推销业务员这个特殊的职业，一定要有使人欢迎的笑容才行。

笑也有笑的艺术，当然也需要不断练习，加以完善。

想必大家都知道这个"一张笑脸价值百万美元"的故事吧！

日本和美国的推销界各出了个推销大师，他们享有"价值百万美元笑容"的美誉，因为他们都拥有一张令客户无法抗拒的笑脸，这张笑脸使他们年收入高达百万美元。美国的是威廉·怀拉，日本的是原一平。他们迷人的微笑并非是天生的，都是长期苦练的成果。

先来讲述威廉的故事。

威廉原是美国棒球界的知名人士，40岁退役后想去从事推销行业，他认为利用自己在棒球界的知名度，一定会应聘上的，没想到却遭到了淘汰，淘汰的理由居然是他没有一张迷人的笑脸。威廉的倔强性格不但没有使他泄气，反而促使他一定要练就一张笑脸，他每天在家里大笑百次，弄得邻居以为他因失业而发疯了。为了避免误会，他干脆躲在厕所里大笑。他搜集了许多明星人物迷人笑脸的照片，贴满房间，以便随时观摩学习。另外，他买了一面与身体同高的大镜子放在厕所内，以便每天进去练习大笑三次。经过多次应聘，他终于如愿以偿了。就这样，又经过几次磨难，最后终于练就了那张价值百万美元的笑脸。

再看原一平又是如何练就出这"价值百万美元的笑容"的。

原一平因在工作的路上练习大笑，经常被人误认为神经有问题。认识他的人总是悄悄躲开他，到他的太太久蕙面前，说他可能是因为工作劳累，神经出了问题。

原一平有一段时间因为练习太入迷了，晚上睡觉时常因"笑"而惊醒，他也常常在久蕙的前面练习。

"喂！久蕙，这种表情正确吗？"就在原一平练习时，久蕙醒了过来。

"什么事呀？你三更半夜不睡觉爬起来干什么呢？"

"嘘，轻点！"

原一平转过脸对她说："练习这个呀！"

"哎哟，好难看呀！"

"别胡说，现在这张脸好看吗？"

"唔！比刚才好看多了。"

"当然好看啦,这是愉快的笑容嘛!"

"对了,你最近是不是边走边笑?前几天隔壁的太太见你在路上咧嘴傻笑,她提醒我,要我当心,怀疑你可能有精神病。"

"噢!是吗?太好了,我竟被别人当成了精神病。说实话我是在路上练习笑哇!"

他曾经假设各种场合与心理,自己面对着镜子,练习各种笑。因为笑必须从全身发出,才会产生强大的感染力,所以他找了一面能照出全身的特大号镜子,每天利用空闲时间,不分昼夜地练习。历经长期苦练之后,他的笑才达到炉火纯青的地步。原一平终于找到了世界上最迷人、最美、最令人陶醉的婴儿般的笑容。年过古稀的原一平依然保持着天真无邪的笑容,散发着诱人的魅力,那种笑容令人如沐春风,无法抗拒。

原一平针对不同的情形总结了面对客户时的 38 种笑法。这就是推销工作的魅力所在,居然连笑也那么讲究。

笑的确是一种艺术,而且是成功的艺术。

经营自己的客户连锁超市

原一平经常利用一个熟悉的客户来介绍另一个客户作为准客户。利用此方法,就好像正在编织一个大的客户超市,他曾经有趣地对妻子久蕙说:"其实客户群才是世界上最大、最有影响力的超市。"只要会经营这个大超市,你就会有无尽的财富。

原一平使用的这个方法,也叫"无限连锁介绍法"。就是销售人员请求现有客户介绍未来的准客户的方法。这种方法要求销售人员设法从每一次销售谈话中获得更多的客户名单，为下一次销售访问做好准备。

连锁介绍的具体办法很多，销售人员可以请现有客户代为销售商品、代转送资料，也可以请现有客户以书信、名片、信笺、电话等手段进行连锁介绍。

采用连锁介绍法寻找新客户，关键是销售人员要取信于现有的客户，也就是要培养最基本的客户。我们知道，连锁介绍主要是借助现有客户的各种社会联系，而现有客户并没有一定要介绍几位新客户的义务。此外，正因为现有客户与其可能介绍的新客户之间存在着共同的社会联系和利害关系，他们之间往往团结一致，互相负责，所以，销售人员想通过现有客户连锁介绍新客户，首先必须取信于现有的基本客户。销售人员只有成功地把自己的销售人格和自己所销售的商品销售给现有客户，使现有客户感到满意，才有可能从现有客户那里获得未来客户的名单。只要销售人员认识到这一点，树立全心全意为客户服务的观点，千方百计解决客户的实际问题，就能够真正赢得现有客户的信任，从而取得源源不断的新客户名单。如果销售人员急于求成，失信于现有客户，那么现有客户就难于从命，不敢或不愿继续介绍新的客户，这也是理所当然的事情。

但是这种方法事先难以制定完整的陌生拜访计划。通过现有客户寻找新客户，由于销售人员根本就不知道现有客户能介绍哪些新客户，事先就难以做出准备和安排，有时不得不在中途改变访问路线，打乱整个访问计划，而且，销售人员常常处于被动地位。既然现有客户没有进行连锁介绍的义务，所以现有客户是否介绍几位新客户给销售人员，完全在于现有客户的意愿。如果销售人员向现有客户销售失利，或者现有客户出于某种考虑不愿意介绍新客户，销售人员便无可奈何；如果销售人员对现有客户寄予重望，就会造成被动的工作局面。

检讨，以丈量自己与成功的距离

原一平把检讨说成是成功之父，此话不为过。

时常检讨自己，树立新的目标，在研究如何成功之前，我们一定要了解，一般人为什么失败。原一平从失败到成功，都在研究失败的原因，时时刻刻检讨自己。

原一平幽默地说："其实我追求的是我最恨的成功，我一直在摆脱可爱的失败。因为失败对我最亲近，它每次都在给我力量，所以我对它永远难以释怀。"

所以，不妨在和原一平分享成功的同时，先来见见成功之父——检讨。为什么很多人会失败？

1. 缺乏目标

一般人失败的第一个主要的原因，就是缺乏目标。成功后的原一平常问来求教的青年："你想不想成功？"每次来求教的人都说："想呀！我都快想疯了，真想像阁下一样，但是，想归想，做什么还拿不准呢！"原一平听后觉得很奇怪，因为一个想要成功的人竟然没有设定目标。古稀之年的原一平露出依然独具魅力的婴儿般的笑容说："小伙子你希望自己很优秀，我很欣赏你，我很想和你一起讨论你如何成功，但是，我觉得有行动才有结果，希望你回去后，找出自己要做什么，我才能不遗余力地和你分享成功。"

所以，人想成功必须找准自身定位，有明确的目标。

2. 不愿意对自己负责

原一平遇到失败从不找借口，而一般人的通病便是说客户不行，导致自己的业绩下降。其实，真正的原因都是不愿意为自己负责。

检讨自己，为什么天天抱怨别人？为什么不先看看自己？自己是否认识自己？很多问题应该自己细细考虑。

3. 没有立刻行动

谈了这么多失败的原因后，原一平认为导致个人失败的最大原因，就是没有立刻行动。原一平通常想拜访客户都是马上行动，而失败者却是明天再去，后天再去，或者今天好累，先睡个觉，先休息一下，先喝杯茶再说，总之他总是帮自己找一大堆借口。要相信，借口与成功无缘。

原一平获得成功正是因为从不和借口交往。

4. 检讨自己的限度

此外，原一平认为一个人无法成功的最大障碍，就是害怕"被拒绝"，进而害怕失败。其实，保险业务员遇到的拒绝最多。有一次，原一平在演讲会上问一个年轻的业务员："请问你一天最多拜访几个客户？""7个。""哦！是吗？能不能更多呢？"原一平追问道。这个业务员正在思索，突然原一平从兜里拿出一把玩具枪，对准这个青年人的头："50个可以吗？"这时这个业务员没反应过来，只觉得有一把枪对着自己的头，慌张地回答："当然，当然可以。"

原一平的演讲当时轰动了全场，特别是这一段经常被别人模仿。

其实，每个人都要为自己设立一个限度，不断更新目标。千万不要在外界压迫下工作，那样你的业绩是会原地不动的。

5. 检讨时间管理

原一平觉得一般人都缺乏时间管理的习惯与观念，他们每天都在浪费时间，不知道对自己而言，什么才是最有生产力的事情。

原一平观察过许多业绩不好的业务员，他们的工作习惯是，早上大概九点出门，九点半到办公室，然后，整理资料到十点，喝杯牛奶到十点半，而后再跟朋友聊天，十一点才开始打电话，这时顾客大部分都已不在了，所以，十一点半就准备要吃饭，到了下午觉得太累，先睡个午觉，然后就抱着反正明天再拜访也无所谓的心情，就这样结束了一天的工作。一个月下来，他说："咦！怎么回事？

为什么收入这么少？"原一平分析，只因为他们都把时间花在休息和聊天上了！他们工作的时候想到玩，玩的时候就忘掉工作，有这样的习惯是没有办法成功的。

只有努力工作，合理分配时间的业务员才能成为精英。

原一平从"乞丐"到"天王"，就是靠不断地检讨自己，继而才成为一代"推销之神"。

始终保持赤子之心

晚年的原一平开始总结辉煌的一生。他非常清楚地认识到，业务员一定要有颗赤子之心。就算年过古稀，原一平依然保持一颗赤子之心，所以他的成功也有这颗"心"的巨大贡献。

原一平认为，在口是心非、尔虞我诈的经济社会中，我们经常可以看到各色各样的手段，如工作上的手段、人际关系上的手段，甚至爱情上的手段等，这些手段或许能有一时的成效，但绝不可能长期奏效。因为，不管一个人多么奸诈，他们还是喜欢诚实、率真的人，在业务上更是如此。

我们回头看看孩童世界，两个不相识的小孩，在短短几分钟内，就玩在一起甚至成了好朋友。这一点永远是每个人都喜欢的共同点。

为此，原一平指出，业务员首先要对人诚实，真诚面对自己，真诚面对别人。这样一来，才能因尊重自己与别人而赢得对方的敬重。

其实，天下最大的傻瓜莫过于把别人当成傻瓜的人。试想，你希望别人骗你吗？假设你是个大骗子，你也不会希望另一个人哄骗你吧。这就是常理，将心比心。请大家保持孩童时的纯真，这样会让你在以后的业务中得到别人的信赖，从而获得成功。

多年来，原一平全心致力于改造自己，以便达到率真的境界。经过千辛万苦的努力和挣扎，终于把自己整合成为一个崭新的原一平。

每当原一平拜访客户，与客户对坐之时，他都试图与对方融成一体，以产生强烈吸引对方的魅力。这些行为的秘诀在哪里呢？其实全赖体内永不消失的"率真""纯真""稚气"而已。

在原一平获得成功后的晚年，他仍然秉承：要永葆赤子之心，因为它赐给人以率真、纯真和稚气，并形成了一股无坚不摧的力量，而这种力量正是我们从事任何事业所不可缺少的。

在挑战与征服中成就辉煌

原一平早期推销保险所持有的理念，为他以后的成功提供了很多心得。

刚到明治保险公司的原一平就是个不怕失败，不向任何人服输的人，他以一种执著的信念，努力实现着自己的目标。

原一平告诉后起之秀说："我这个人呀，虽然'海拔'不高，但是我是在风雨中成长过来的。告诉你们，我什么都不怕，唯一怕的就是自己低头折腰。"

原一平上述言论被后人总结为"不怕你失败，就怕你服输"。

纵观原一平的成功之道，我们不难发现，他成功的原因除了他的勤奋之外，还有他那倔强的性格——从不服输，特别是向自己。在别人看来，原一平每天除了推销保险，没有其他的娱乐，在公事之暇也不会带着太太去玩乐。有人说，原一平的生活呆板得可怕；有人说，原一平的生活没有什么乐趣可言。但原一平却在工作中享受到了极大的快乐。

他为了超越自己的业绩而不断地创造着新业绩，面对失败，他只是轻松一笑，继续努力。他每天的信念就是必须访问 15 位准客户，若没访问完，就绝不回家。这种不服输的信念在鼓舞着他。

面对这样的痛苦，有时候原一平也会问自己：

"难道每天不访问 15 户不行吗？"

"我到底是为了什么？钱？"

但无论多么忙碌，原一平每天一定要回家吃晚饭。有一天他因太疲倦而打瞌睡，在吃晚饭时竟然将碗筷都掉落在榻榻米上。妻子忍不住说："你今夜不能继续工作了，我要你吃完饭立刻去休息。"

其实，原一平已累得吃饭时都打瞌睡，但一听到妻子久蕙这句体贴的话，马上精神一振，回答说："你别胡说，我只不过有点累而已，不碍事的。"

"你别嘴硬，每天拼老命，你会积劳成疾的。"

"你别啰唆了，你应该知道工作就是我的生命，难道你要剥夺我工作的权利吗？"

"我怎么会呢？但是，难道为了工作就不要命了吗？"

久蕙压抑已久的情绪终于因原一平的气话而突然爆发了，她泪如雨下，大声哭了起来。就这样争执后，安静的房中只剩下久蕙的哭泣声。听到她的抽泣声，原一平的心中升起一股莫名的悲哀。原一平想，这股悲哀不是因为久蕙，也不是因为工作，是因自己而发的吧！

原一平坦白地告诉久蕙："这不是有没有饭吃的问题，这是我的性格所在，我心中总有一把不服输的火在燃烧。如果我心中没有这一团在作怪的火，该多么舒服啊！可是我丝毫奈何不了它。久蕙，求求你别再哭了，我知道你受了很多的委屈，但这才是真实的原一平呀！我永远也改不掉啊！"

面对原一平的倔强与固执，多年来久蕙默默地忍受着。但原一平望着久蕙的泪珠，却顿悟了，他这时的财富已经不知道该怎么花了，而拼老命工作显然不是为了一日三餐，因为人生就是一连串面临挑战与克服挑战的过程。克服了一个挑战，然后再去面临一个新的挑战，再去克服它。在这些连续不断的挑战中，征服它们是原一平人生中最大的乐趣。

辉煌一生的原一平在持之以恒中找到了世界上真正的成功乐趣。

第二篇
从"锅炉工"到"汽车业推销冠军"

——乔·吉拉德的财富传奇

乔·吉拉德简介

1928年11月1日，乔·吉拉德出生于美国底特律市的一个贫民家庭。9岁时，他开始给人擦鞋、送报，以此来赚钱补贴家用。16岁的时候，乔·吉拉德被迫离开了学校，拥有了一份烧锅炉的工作，天不见怜，他因此染上了严重的气喘病。35岁以前，乔·吉拉德屡遭坎坷，他换过40份工作仍一事无成，甚至曾经当过小偷，开过赌场。35岁那年，乔·吉拉德彻底跌落到最幽暗的人生谷底，负债高达6万美元——他破产了。走投无路之际，乔·吉拉德走进了一家汽车经销店，开始懵懵懂懂地以销售汽车为生，从此进入了新的人生旅程——一段被成就与荣耀标注的成功人生。

在成为汽车销售员的日子里，乔·吉拉德不仅克服了严重的口吃，还经由不屈的努力，在推销界屡铸辉煌。在其销售生涯的第三年，乔·吉拉德卖出了343辆汽车，第四年，这个数字跃升为"614"，从此业绩一路看涨，连续12年稳居美国通用汽车零售销售员第一名的宝座，被誉为"世界上最伟大的汽车销售员"。此外，他还创造了5项吉尼斯世界汽车零售纪录：

（1）平均每天销售6辆车；

（2）最多一天销售18辆车；

（3）一个月最多销售174辆车；

（4）一年最多销售1 425辆车；

（5）在15年的销售生涯中总共销售了13 001辆车。

尤其使乔·吉拉德的职业成就显得非凡的是，他15年的汽车销售生涯，正值美国经济大环境最萧条的时刻。1964年，越战开打，战事使美国的经济积重难返，加之 1973 年的石油危机，更让美国的经济前景雪上加霜，因此连带着美国汽车行业也进入了不景气期，但即使如此，乔·吉拉德仍然逆势成功，一年之中卖出了 1 400 多辆汽车。

2001 年，乔·吉拉德跻身"汽车名人堂（Automotive Hall of Fame）"，这是汽车界的最高荣誉，列名其中的名人都是汽车业界的先驱与灵魂人物，包括福特汽车创办人亨利·福特、本田汽车创办人本田宗一郎、法拉利创办人恩佐·法拉利等。而以汽车销售员的身份名列其中的，乔·吉拉德是唯一的一个。

先确定你的卖点，然后成功地推销自己

乔·吉拉德说：

"每一次我准备好要推销自己时，我会先问，这次推销的目的是什么？我是想哄不会做菜的女儿，试试她妈妈的食谱，帮我煮一顿我最喜欢的晚餐——充满西西里风味的意大利面，还是我想说服外国车厂的业务总经理，汽车的销售策略应全球一致，同时我长期销售美国车的经验并不会成为工作障碍？或者我想说服船舶经销商，他的船只销售人员可以从5小时的乔·吉拉德课程中和汽车销售员获益一样多，又或者我只想让街坊的报童认定我是他最好的客户，以免他骑车飞驰而过时丢得失去准头。

"有了清楚的目标之后，接下来我会问自己，我该做些什么以达成目的？如果我一直强调我在美国车销售方面的成绩，而不谈我要怎么卖外国车，绝对不可能说服外国车厂的业务总经理。他感兴趣的不是我的过去，而是他的未来，我能为他做些什么。那才是我要推销的。

"如果我想让船舶经销商的业务人员来参加我的训练课程，我就得强调我的销售策略而不是如何卖车。试验过的销售技巧才是我真正要推销的。最近我替一位船只销售员授课，他是班上八十九位汽车销售员之外唯一的一位船只推销员。课程结束后，所有的汽车销售员都有了进步，这位船只推销员也有进步。由此可见，即使贩卖完全不同的产品，他也可以有效地运用相同的法则。"

如果你想要成功地推销自己，先要确定你的卖点是什么！

日复一日，人们都努力在自我推销，可是许多人失败了，因为他们推销的不是属于自己的特点，他们忘了去推销别人所需要的真正的自己。

你愈了解自己，就愈不容易妥协

妥协时，陷阱总是比利益多得多。对一件事妥协，就是在伤害自己的人格和名誉。它也可能会给你带来危险和嫌疑。

避免妥协的最好方法就是做你自己的主人。如果有人希望你学习他们的方式，或是"折中让步"，或是在"疾风中弯下腰来"，你要记住，跟他们在一起你是不会受欢迎的。

成功的自我推销并不代表一定要受每个人的欢迎。

当你妥协时会发生两件事：第一，你的某部分欠给了别人。第二，妥协时，你就是给了自己"一寸"。

妥协即使只有"一寸"，很快你又会给自己一寸又一寸。不论你跟别人妥协或向自己妥协，道理都是一样的。

妥协不仅是出卖自己，也是一种卖空。那表示你本来能达到某种程度的成功，但是你却没有达到。有可能你大部分的时间都在卖空自己，让别人吞噬你，放弃你的原则对别人让步，最糟糕的是，你可能还浑然不觉。

你愈了解自己，就愈不容易妥协。你可以对自己说，"等等，这个人要我对某些事让步，为什么？"永远要记住，如果有人想要你退让一点，只代表一个事实：你的位置已经把他逼到墙角了，除非你让一点，否则他不会快活。一旦你照着他的话做，你就受了他的控制。

一位汽车零件铸造商，专营本地市场，并用卡车来运送货物。

他向我们讲述了一件很有趣的事情："我有一个车队，你知道，大约九辆或十辆车。吃油吃得挺凶的，而且我得雇用驾驶员和工人。不过，它是我的车队，我能够掌握状况。如果某家店在两天前告诉我需要哪些货，我会帮他安排。我说个时间，货物就会准时送到。

"一些卡车运送公司告诉我，我不需要自己的车队，我应该把卡车卖掉，把员工缩减到 20 人，也不必担心汽车——然后把运送交给他们负责。

"他们说这样可以省钱——我不晓得可以省多少钱，不过他们正在评估。问题是，这样一来我会无法控制状况。如果我让外面的公司帮我运送，在我答应客人时，我只能期望运送公司帮我准时送到。我想我并不在乎能省多少钱。如果在运送方面妥协的话，我的声誉会下跌，客户就不会再信任我了。我不想让卡车公司来操纵我。"

他并没有听卡车公司的，而是仍然拥有自己的车队。对公司已经建立起来的声誉妥协，并不是他做生意的方式。

不论在事业还是在生活方面，让我们都告别妥协吧！

你说的第一句话是能否让客户感兴趣的关键

在面对面的推销工作中，为了吸引顾客的注意力，说好第一句话是极其重要的。只有引起顾客的注意，才能唤起他的兴趣。顾客在听你说第一句话的时候往往比听第一句话以后的话时认真得多。说完第一句话以后，许多顾客都会有意或无意地马上做决定——是尽快把推销员打发走还是继续听下去。如果第一句话不能引起顾客的兴趣，那么以后的销售谈话就会丧失效用。一个推销员上门推销或电话推销时，往往开头的一两句话就能决定推销员是否有可能把产品推销出去。

乔·吉拉德认为，推销员所说的第一句话是能否让客户感兴趣的关键，如果这个头开得好，客户就乐意听下去。因此，在开始推销前首先应该考虑以下 6 个问题：

（1）如何才能用简单的一句话向客户介绍产品的实用价值。

（2）我应向客户提出哪些问题才能促使客户坦白地说出对某一产品有哪些具体要求？这些问题是否符合客户的实际情况，是否与客户的切身利益息息相关？

（3）我与客户的谈话中有哪些令人信服的案例既能说明产品的优点，又能激发客户购买的兴趣？

（4）我怎样帮助客户解决他的问题？怎样用简单的几句话就能帮助客户解决他的问题？

（5）我能向客户提供哪些资料，使他乐于接受我的产品？

（6）在一开始时我应该说些什么，才能保证与客户进行有效的谈话？

第一次拜访客户时，第一句话往往是制胜的法宝或失败的根源。记住，要善用你的第一句话。

习惯：最好的仆人或最差的主人

乔·吉拉德说，习惯若不是最好的仆人，便是最差的主人。

世界上最伟大的推销员
原一平与乔·吉拉德的财富传奇

世界上伟大的推销员都具有严谨与良好的工作习惯，所以他们能在竞争激烈的市场上，脱颖而出，从而建立声誉卓著的伟业。

推销之神原一平，每天清晨5点起床，接着走1万步，然后拜佛、用餐、看报、访问客户，每天他的生活和工作都按照固定的时间表进行，分秒不差。

他的妻子久蕙说："他之所以有优异的成绩，主要是因为他本人尽了最大的努力。譬如，半夜三更他还在镜子前照着自己的脸，研究自己的笑容，以及钻研面相学。他的车里一定会备放3套衬衫和长裤，然后规定自己在上班时间内拜访15位客户，不管到晚上几点都要完成任务。内心里燃烧的那团火，成就了他严格的工作习惯，也把他推向成就的顶端……"

一位寿险明星每天规定自己做7件跟工作有关的事。在带妈妈去看医生时，如果有跟医生护士谈到保险，就算是一件；上美容院洗发时，如果跟洗头发的小姐谈到保险，也会记上一笔。送保单，收保费，做更改，拜访客户，甚至替客户做事情都算是一件。

命好不如习惯好。假如没有好习惯，你将很难成功；如果没有坏习惯，你就很难失败。习惯是选择出来的，不是天生的。当你改变自己的习惯时，你改变的是你自己；当你没有培养一个好习惯时，你就是在培养一个坏习惯。

学坏三日，学好三年。要想养成好习惯，我们首先要约束自己，直到将工作的程序变成一种习惯。

米开朗琪罗曾说，成功是由一些简单的习惯组成的。

你要经常问自己："我应该有哪些习惯来帮助自己成功呢？"

一个习惯大概要花20天或30天的时间才能形成。你每次摆脱一个旧的习惯，都是在养成一个新的习惯。

优秀的推销员应养成哪些良好的习惯呢？

（1）遵信守时的习惯。

（2）阅读的习惯。

（3）赞美（笑口常开）的习惯。

（4）和主管互动的习惯。

（5）谈产品的习惯。

（6）随时补充"新名单"的习惯。

（7）每天和客户见面的习惯。

（8）要求客户介绍的习惯。

（9）听演讲做笔记的习惯。

（10）倾听客户讲话点头、微笑做笔记的习惯。

（11）订立目标的习惯。

（12）献身于目标的习惯。

（13）不断卷土重来的习惯（改进技巧后）。

从今天开始，立刻去养成一些好习惯吧！

成功的习惯和失败的习惯都容易养成。如果我们不养成好习惯，就是在无形中培养坏习惯。一个好的习惯会成就一个成功的人生。

先不要急于推销产品，要先推销自己

"你卖的商品怎么可能都是世界第一的产品呢？"曾经有人这样问乔·吉拉德。

他回答说："每个人都是独一无二的，世界上没有另一个我或另一个你。所有的顶尖推销员都不是在卖产品，而是在推销自己。"

乔·吉拉德非常善于推销自己。他的办公室里，除挂满了那些因业绩优良得来的奖牌和奖状外，还有刊登在报纸杂志上的受访画面以及与大人物的合照，等等。当客户看到这些时，很快就会了解到乔·吉拉德是一名非常优秀的推销员。

先不要急于推销产品，要先推销自己。你把自己推销出去了，客户自然会购买你的产品。

顾客在购买时，不仅要看产品是否合适，而且还要考虑推销员的形象。即使顾客对你的产品很满意，如果他不喜欢你这个人，买卖也难做成。在推销活动中，人和产品同等重要。一旦顾客喜欢你这个人，在很多情况下，你的产品也就不愁卖不出去。

一个推销员在向顾客推销自己时，一定要做到：

第一，向顾客推销你的人品。推销员首先是作为一个人出现在顾客面前的。他的个人品质如何，顾客心理会产生相应的反应。一个推销员应在顾客面前表现出诚实、认真、热情、善意、自尊等品格。

乔·吉拉德说："诚实是推销之本。"如果顾客觉察到推销员不诚实，出于对自身利益的保护，他们就会拒绝购买你的产品。如果你在推销过程中，对顾客以诚相待，那么你的成功会容易得多，迅速得多，并且会经久不衰。

第二，向顾客推销你的形象。"一个人的外在形象，反映出他特殊的内涵。倘若别人不信任你的外表，你就无法成功地推销自己了。"乔·吉拉德是这样看待推销员的形象的。一个推销员的衣着形象、言谈举止，都应力争给顾客留下良好的印象。

某仪器设备公司的一位推销员，有一次在外地搞推销。也许是某个环节出了点问题，他出了火车站，等了好几个小时也不见对方客户的车到……当他肩扛着几十公斤重的机器，汗流浃背地站到客户面前时，对方很感动。就在这一瞬间，他成功地向顾客推销了自己，他的行为表明他是努力和有诚意的，一下子赢得了顾客的信赖。

推销产品之前首先要推销自己。推销是与人打交道，人与人之间的交往首要的一条是：如何突破对方的心理防线，让对方接纳自己、喜欢自己、依赖自己。

爱屋及乌。一旦顾客对你产生了喜欢、依赖之情，自然而然地，他就会喜欢、信赖、接纳你的产品。所以只要你将自己推销给了顾客，推销产品便会成为轻而易举的事。

努力证明你与别的推销员不一样

做一个与众不同的你，也就是要在客户头脑中留下一个鲜明的印象，让他们把你和别人区别开，让他们关注你做了什么、怎么做的，你说了什么、怎么说的。

你的难忘指数有多高？你离开后客户会谈论你吗？

以下是一些关于如何做到与众不同的建议和例子：

舍得在名片上花钱。名片是自己及公司的形象。审查一下自己的名片。你的客户会通过它想起你吗？如果有人给你这样一张名片，你会有什么样的评价？

跟上时代。你的名片是否与外部的商业世界接轨？以下的信息是一张名片中起码应该包括的内容：①姓名；②公司网址；③职务；④电话；⑤公司名称；⑥传真（包括地区号）；⑦公司地址；⑧手机；⑨电子邮件；⑩公司标志。

以下是一些可以使你的推销令人难忘的方法：①亲自送达；②快件送达；③额外赠送；④个性化的感谢；⑤用短信发个笑话；⑥引人注意的名片；⑦用邮件发一篇和他的爱好有关的文章；⑧他的生日时打电话祝贺；⑨送上表示感谢的礼物——礼物篮、植物、花；⑩送上个性化的表示感谢的礼物——一本关于客户爱好的书、他喜欢的培训。

要想令人难忘，你必须获得关于客户或潜在客户的信息。著名的"麦凯66"客户问卷把个人信息的使用提高到了新的水平。你必须用一个表格来收集以下信息：①客户孩子的数目；②客户读过的大学；③客户最喜欢的运动队；④客户最喜欢的餐厅和食物；⑤客户车的型号；⑥客户宠物的类型；⑦客户的嗜好；⑧客户最喜欢的杂志；⑨客户最近读过的书；⑩客户的主要目标；⑪客户阅读的商业刊物；⑫客户的家乡；⑬客户在何处生活和工作过；⑭客户目前的居住地。

获得客户的个人信息并正确地使用，将有助于你跟进客户。

与众不同和令人印象深刻还意味着做一些有创造性的、个性化的事情，例如：

如果你有演出票，不要只把票送给客户，你应该和他们一起去看。

以他们的名字为慈善活动捐款。把他们评为"本月优秀客户"并寄去奖牌。

策划客户奖励活动，如设立最佳客户奖、最具专业精神奖等。

寄去一张手写的留言条，上面是一些与工作无关的事。

不要在意别的推销员有多强，而要在意拿什么证明你与别的推销员不一样。

浓缩的推销金言：尽量与更多的人见面

一个人之所以成功，是因为他服务的人比较多。你的成就决定于你认识多少人和多少人认识你。

推销是"人"的事业。你认识的人越多，你服务的人就越多，你的收入也就会越多。

不管你是销售房地产还是日用品，只要你认识的人的数量足够大，你就一定可以成功。

1956年，齐藤竹之助完成了4 988份合同签订的任务，是同行推销员中完成件数最多的，所以他成为世界第一名。原一平每天拜访15位客户，平均每月发出1 000张有效名片，50年后，他累积的准客户已达2.8万个以上。因为他的准客户是最多的，所以他的业绩也是最好的。

你的成就永远跟你服务的人数成正比，你的收入也与你服务的品质及服务的人数成正比。所有想成功的人都在思考，如何让自己服务的人数不断增加。如果你想要成功的话，就必须要增加自己服务的人数。

任何时候，如果你觉得自己的业绩不够好，觉得自己还不够成功的话，就必须把你的焦点放在自己服务的人群上——如何服务更多的人。当你可以服务更多的人时，自然就会有更多的人来认同你，来协助你完成你的目标。

推销员要养成思考的习惯——随时随地想着如何结交新朋友，如何结交比自己更加成功的朋友，如何结交一些对自己有帮助的朋友，如何主动地去帮助成功的人，主动地付出，建立人脉。

乔·吉拉德整天带着一叠名片到处分发，有时在会场上，他就会把名片大把地撒出去。他一个月用掉1万多张名片，其目的无非是随时随地地寻找准客户。

当你这样持续不断地付出，帮助更多的人、服务更多的客户时，你自然而然就是顶尖的推销员了。

推销如果浓缩成一句话，便是：尽量与更多的人见面。

你赶走一个客户，就等于多赶走 250 个人

乔·吉拉德刚做汽车推销员时，去殡仪馆哀悼一位朋友的母亲。在殡仪馆里，主教分发给他弥撒卡，卡上面印有去世人的姓名和相片。以前他也看过这种卡片，可是从来没有留心过。那天也不知为什么对它产生了兴趣，他问那里的主教："您怎么知道要印多少张卡片？"

主教回答道："这全凭经验。开始我们数签名簿上的签字，做了一段时间以后就知道，平均每次来这里祭奠的人数大约是 250 人。"

不久以后，有一位基督教殡仪业主向乔·吉拉德购买了一辆汽车，成交后，乔·吉拉德问对方每次来参加葬礼的平均人数是多少，得到的回答是"差不多 250 人"。

还有一次，乔·吉拉德同夫人一起去参加一位朋友的婚礼，婚礼在一个礼堂举行。当乔·吉拉德向礼堂的工作人员打探每次婚礼平均有多少客人时，对方告诉他："新娘方面大概有 250 人，新郎方面也是如此。"

又是 250 人！这 250 人只是个平均数，有的人则会有更多的朋友，远远超过这个数字。

不要小瞧这个数字。你想想，如果你得罪了一个顾客，也就意味着得罪了另外的 250 个顾客，而这 250 个顾客每人又都有 250 个朋友，这样推算下去，就远远不止 250 人了，其结果是相当惊人的。假定你一个星期拜访 50 个客户，其中有两个对你的态度表示不满，这样到了年底，就会有 500 人受到这两名顾客的影响。假定你每个星期都得罪两名顾客，使他们不开心，到了年底，受他们影响的顾客就是 26 000 人。如果这样持续 10 年，那就是 26 万人。而很多人干推销往往不只 10 年，以 20 年算，那就是 52 万人。也许每周你还不止得罪两名客户，想想看，你已经得罪了多少人。

毁掉事情就是这样，只要你冒犯了一个人，就会失去 250 个顾客；只要你让一位顾客当面难堪，就会有 250 人在背后使你为难；只要你不喜欢一个人，就会有 250 人讨厌你；同样，只要你说一个人是坏家伙，就会有 250 人说你不是好东西！

我们都有这样的经历，在工作之余和同事聊天时，会告诉别人自己买了什么东西，还打算买些什么，他人也会这样做。这时，总有人会主动出来当参谋，建议你应该去哪里买东西，应该买哪种品牌的东西，同时也会有人提醒你，千万不要去哪儿买或千万不要买某种品牌的。这是我们日常生活中很重要的一部分，也是我们这些人的生活方式。

这就是有名的乔·吉拉德 250 定律。你赶走一个顾客，就等于多赶走 250 个人。

请客户帮你转介绍

一般的推销员在洽谈结束获得客户首肯并签完订单后，都会十分快慰，认为应该赶紧收拾东西打道回府。

乔·吉拉德认为，如果总是这样，就永远无法成为顶尖的推销员。顶尖的推销员和客户一旦确立了良好友善的情感气氛后，不论客户有无购买，都会适时提出希望，请他帮助推荐潜在客户。在他们看来，帮助转介绍的顾客不一定单单是购买产品的顾客。

在销售产品时，如果有的客户不购买，你可以说："先生，我知道您目前已经拥有，请问您认识的人中有哪些人更需要，您能介绍您周围的朋友来了解一下我们的产品吗？"

遗憾的是，很多推销员做完生意后从来不懂得让客户转介绍，无形中失去了许多潜在客户。

不管客户买不买，你都要请客户帮你转介绍。

若你的表现、精神状态、工作能力能够获得客户良好的口碑，你确实能为客户利益着想，要求客户转介绍就不难获得响应。很多时候，客户不愿介绍朋友是怕推销员及其产品的缺陷给朋友带来麻烦，并使对方不愉快，影响友情，因此推销员一定要想办法让客户放心。

客户有时不会拒绝介绍他的朋友，但会叮咛你不得说出自己的姓名，推销员如不能谨慎处理，必会惹出不少麻烦。

但如果推销员要求对方介绍客户时，对方不肯，这时也不必强人所难，应该立即转换话题给自己找个台阶下。

如果拜访成功了客户转介绍的人，推销员最好能向当初介绍的客户报告进展情况，并通过致谢函或电话表示谢意。这样一来，客户就会有一种强烈的成就感，他会乐于再转介绍。这样就会使他成为你的"客户来源中心。"

你一定要向客户提供物超所值的服务，甚至是别人无法想象的服务。很简单，顾客购买的不只是产品，他买的是你的产品提供给他的服务以及你的工作态度。你的服务水平和工作态度决定了顾客能否帮你转介绍。

要时常询问每一位客户是否能够提供可能的准客户名单。将这个推销活动中的基本做法培养成习惯，将它变成和客户闲聊中最自然的一句问话，你就一定会成为推销的高手。

你的目标必须安排在行动的计划里

乔·吉拉德平均每星期要花上一半的时间用来做计划，每天要花一个多小时的时间来做准备工作。在做好计划和准备工作之前，他绝对不会出门去拜访客户和做推销业务。

很多人都知道，不加上一点耐力与压力，事情很难达到令人满意的效果。做任何工作都要做充分的准备。同样，你在今天晚上就应该计划好明天要做的事情，这个月底就应该计划好下个月你要做的一切事情，今年年底就应该计划好明年要做的一切事情，并在明年的时候付诸行动把它全部完成。

在订立目标计划时一定要合理，切忌流于形式。

一次，一位年轻的业务员请教乔·吉拉德："乔·吉拉德先生，你是怎样成为汽车行业最顶尖的推销员的呢？"

"因为我会给自己定下远大的目标以及切实可行的实施方案。"乔·吉拉德回答。

"是什么方案呢？"

"我会将年度的计划和目标细分到每周和每天里。比如说今年定的目标是 2 400 万美元，我会把它分成 12 等份，这样每个月完成 200 万美元就好了，然后再用星期来分，200 万美元除以 4，这下子你不用做 100 万美元元的业绩了，你只要每个星期做 50 万美元元就行了。"

"50 万美元还是太大，怎么办？"

"是的，有多少人需要 50 万美元？有多少人会愿意听你的话？今天下午你上哪儿做成这 50 万美元的单子？因此，我会把它再细分下去，把它分成 7 等份，分出来的数就是每天需要完成的签单目标。目标要定得够大才足以令你兴奋，接着再把目标分成一小块一小块的，这样它就会切实可行。"

在设定计划时一定要具体可行，要把目标细分到每周、每天，要让自己每时每刻都知道自己应该去做哪些事。目标高并不是问题，只要有健全的计划，你的目标就会变成"现实"。换句话说，你的目标必须安排在行动的计划里，譬如：你今年的销售目标是 240 万美元，那么每个月的销售就应该达到 20 万美元。

那么，为了完成这个计划，你应该采取什么样的行动呢？乔·吉拉德的做法会让你觉得达成目标是多么的容易。

根据你以往的业绩，平均一家的销售额是 1 万美元。如果要达成目标，就必须销售 20 家。再调查过去的资料，你拜访 5 家才有 1 家成功，这样一来，你每个月必须拜访 100 家客户，平均每周 25 家，每天 4 家。但是，为了获得 4 家商谈的机会，应该把被拒绝的概率也计算进去。因此，你每天必须拜访 8 家以上的客户。

于是，"每天访问 8 家客户"便成为你每天的行动目标。

"目标"只是你行动的原动力，成果光靠设定目标是无法自动产生的。如果不经过周密地计划，无论如何健全的目标也无济于事。

凡是成功的人都是立即行动的人。现在就请你设定自己的行动计划：①今年的销售目标。②每月的销售目标。③每月必要的商谈次数。④每日必要的商谈次数。⑤每月必要的访问次数。⑥每日必要的访问次数。

每天多花点时间了解顾客

乔·吉拉德说："不论你推销的是什么东西，最有效的办法都是让顾客相信——真心相信——你喜欢他、关心他。"

如果顾客对你抱有好感，你成交的希望就增加了。要使顾客相信你喜欢他、关心他，你就必须了解顾客，搜集顾客的各种资料。

乔·吉拉德中肯地指出："如果你想把东西卖给某人，你就应该尽自己的力量去收集他的与你生意有关的情报……不论你推销的是什么东西，如果你每天肯花一点时间来了解自己的顾客，做好准备，铺平道路，那么，你就不愁没有自己的顾客。"

刚开始工作时，乔·吉拉德把搜集到的顾客资料写在纸上，塞进抽屉里。后来，有几次因为没有整理而忘记追踪某一位准顾客，他开始意识到动手建立顾客档案的重要性。他去文具店买了日记本和一个小小的卡片档案夹，把原来写在纸片上的资料全部做成记录，建立起了他的顾客档案。

乔·吉拉德认为，推销员应该像一台机器，具有录音机和电脑的功能，在和顾客交往过程中，将顾客所说的有用情况都记录下来，从中掌握一些有用的材料。

乔·吉拉德说："在建立卡片档案时，你要记下有关顾客和潜在顾客的所有资料，他们的孩子、嗜好、学历、职务、成就、旅行过的地方、年龄、文化背景及其他任何与他们有关的事情，这些都是有用的推销情报。所有这些资料都可以帮助你接近顾客，使你能够有效地跟顾客讨论问题，谈论他们感兴趣的话题，有了这些材料，你就会知道他们喜欢什么，不喜欢什么，你可以让他们高谈阔论，兴高采烈，手舞足蹈……只要你有办法使顾客心情舒畅，他们不会让你大失所望。"

宁可错付 50 个人，也不要漏掉一个该付的人

乔·吉拉德认为，干推销这一行需要别人的帮助。乔·吉拉德的很多生意都是"猎犬"（那些会让别人到他那里买东西的顾客）帮助的结果。

乔·吉拉德的一句名言就是"买过我汽车的顾客都会帮我推销"。

在生意成交之后，乔·吉拉德总是把一叠名片和猎犬计划的说明书交给顾客。

说明书告诉顾客，如果他介绍别人来买车，成交之后，每辆车他会得到 25 美元的酬劳。

几天之后，乔·吉拉德会寄给顾客感谢卡和一叠名片，以后至少每年他会收到乔·吉拉德的一封附有猎犬计划的信件，提醒他乔·吉拉德的承诺仍然有效。

如果乔·吉拉德发现顾客是一位领导人物，其他人会听他的话，那么，乔·吉拉德会更加努力促成交易并设法让其成为猎犬。

实施猎犬计划的关键是守信用——一定要付给顾客 25 美元。乔·吉拉德的原则是：宁可错付 50 个人，也不要漏掉一个该付的人。

1976 年，猎犬计划为乔·吉拉德带来了 150 笔生意，约占总交易额的 1/3。

乔·吉拉德付出了 1 400 美元的猎犬费用，却收获了 75 000 美元的佣金。

并非每个人都是你的有效客户

推销很难，除非你找到正确的方法——你首先要准确地发现自己的客户。

马路上那么多人，从理论上讲他们都需要我们的产品，但他们不一定都是我们真正的客户。

作为真正的有效客户，他至少具备三个条件：

第一个就是要有钱，这一点最重要。推销员找到客户后就要想：他买得起我的东西吗？一个月的收入只有 2 000 美元的普通白领，你向他推销奔驰车，尽管他很想买，但他买得起吗？

第二个就是权力。有些人或部门想要你的产品而且也有钱，但他们就是没有决策权。很多推销员最后不能成交的原因就是找错了人，找了一个没有购买决定权的人。

第三个就是需求。你推销的对象，除了要有购买能力和决策权之外，还要有需求。比如这个司机昨天刚买了一台汽车空气净化器，今天你再向他推销空气净化器，尽管他有钱和决策权，但他没有需求，所以，他自然也就不是你的客户。

寻找潜在客户是推销的第一步，在确定了你的市场区域后，你就得找到自己的潜在客户，并同他们取得联系。

在一些新推销员身上常犯的毛病就是"急功近利"，他们在准备做推销员的时候，或多或少都有这种想法："做推销嘛，有什么难的，凭我的能力很快就能上手"。然而在现实中，迎接他们的往往是一次次的挫折和失败。

之所以会出现这种情况，是因为很多人都忽略了一点：

并非每个人都是你的有效客户。

成功的推销取决于你的心态

成功的自我推销主要取决于你对别人的态度，而你对别人的态度主要取决于你对自己的态度。

大部分新推销员以及部分经验老到的推销员都有一个相同的问题，他们对自己的态度而非对他们的产品或服务的态度，需要更积极、更宽广一点。

不论你从事什么职业——医生、律师、商人、首长、高级工程师、高级秘书、第一等的妻子或母亲——不论你从事的是谋生或持家的工作，正面、积极的心态都用得上。你对自己的态度是什么？你是一个具有正面想法的人吗？你很乐观、开朗、自信但不过分骄傲，谦逊但不过分顺从吗？你的心态很消极、挫败、被动吗？

暂时把你自己变成消费者，试想这种情况：假设你要买辆新车，你比较了一下，然后选出一种厂牌和款式。你已经做好选择，而且对于价格也有了清楚的了解。

现在把态度这个因素列入考量范围。两个销售员提供给你两种不同的交易。其中一个只卖车给你，外加一些配件、安全设施和汽车马力，但完全将自己置身于买卖之外。另一个除了能让你充分享受商品的好处之外，还十分亲切、自信、乐意帮忙，并且细心体贴，他卖给你的不只是车子而已。

你会跟哪一个买？我们都知道答案。当然是那个不仅拥有产品知识，而且很清楚自己，把自己当作销售的一部分的业务员。

想要更成功地自我推销，你也需改变自己的心态。就像生命中的每件事物一样，心态也有两种对立的极端：积极和消极，建设性和损坏性，宽广和狭隘，开朗和绝望。在运动比赛中就是毅力和弃权，在音乐中就是上拍和下拍。

你要学习的秘诀是如何培养更积极的心态，这会引导你对他人抱持正面的心态，然后，不论你是为了什么目的向别人自我推销，都会容易得多。

再向前迈一步，进入一个新境界

人生就像一场赛跑。推销时，你主要的对手就是你自己。坚持不断地推销，你的毅力会让你成为赢家。

如果你遇到困难，赶紧把它克服，然后面对下一个挑战。这样一来，所有的问题都不难解决。当你清扫了一个障碍，准备要面对下一个时，你会发觉它已经自动解决了。

在乔·吉拉德办公室里有一句标语："通往健康、快乐以及成功的电梯坏了——你必须爬楼梯——一步一格。"如果你能一步一步地走，是不是有部坏掉的电梯就根本无所谓了？只要有梯子通往你想到的地方，你就能成功。继续向上爬就对了。

有人说，那些不忙碌的人和那些不挣扎、不奋斗的人只是在等死——自我推销的道理也是一样。要努力和有毅力，坚持你要做的事，坚持将自己推销得更好，这些都是很健康的心态。辛勤努力绝对不会置人于死地。但是，无所事事、浪费光阴、做白日梦、不敢奋勇向前、不能一步一个脚印，这些都是致命的心态。

毅力意味着你要在自己的生活中做个领导者，而不是跟从者。不要跟随别人的标记，你要做那个刻下标记的人。当然，你必须明白自己要往哪里走。

生活全部的秘诀就在于明白自己想要什么，把它写下来，然后

101

努力达成。

有的人会因别人劝退而不再逆流向上，或者因为遭到嘲笑而放弃努力。你在推销自己的过程中，会看到有些人对你的努力报以一笑，不是鼓励的笑容，而是讥讽的笑容。你也会听到一些卑劣的言辞，你要充耳不闻。

一位推销员每年都有非常优秀的业绩。

如果客人站起来准备走了，这位推销员就会碰一下客人的手臂——这个动作在说，"别走，我希望你成为我的客户。"他的脸上显出了挽留的神情，他的眼神及声音也都在做同样的努力。他和别人分享他的秘诀："很简单。我不相信别人所说的'不'字。对我而言，'不'就代表'或许'，没别的。而'或许'则代表'是'。把这些记在脑中，它们会帮助你坚持到底。"

当你"一次走一步"时，面对下一步，你疲惫的身体和脑子会告诉你"不"，这时你要对自己说，"不"就代表"或许"。或许你可以再走一步，如果你肯，试试看。或许你可以做得到。然后，再对自己说，"或许"代表"是"。当你说"是的，我办得到"的那一刻，你就又跨出了一步。

再向前迈一步，迈一步就进入一个新境界。

你看别人像什么，你就是什么

别人是你的一面镜子，你看别人像什么，你就是什么。当你真心喜欢别人时，别人才会真正喜欢你。

大多数推销员都知道应该将顾客摆在第一位的道理，但总是有意无意地忘记这件事。

你想要他人怎样对待你，你就应该怎样对待别人。

你要经常问自己："我到底喜欢一个什么样的人？"如果你喜欢一个积极、热情、乐于帮助别人的人，那你就应该先把自己变成这样的人。

为什么许多人喜欢养狗，因为狗喜欢人。不管你是什么人，是贫穷也好，是富贵也罢，它都不嫌弃。它总是向你摇尾巴，在你身边穿来穿去的。

一个好的推销员在天性上就会倾向喜爱他人，并且一直在试图让别人快乐。如果你能让顾客或潜在客户感觉到，你是真心喜欢他们，也非常敬重他们，那么你的推销将会无往不利。

"每个人都与众不同！我们每个人都自我感觉良好，别人也这么想。无论见到什么人，你都应该竭力想象他身上显现着一种看不见的信号：让其感觉自己很重要！"玫琳凯化妆品公司创始人玫琳凯·艾施如是说。

玫琳凯是美国历史上最成功的女商人之一。她懂得如何让别人自我感觉良好，从而达到推销的目的。

设法让别人知道，你对他们真的很感兴趣。

那么在产品推销过程中，你应该如何对客户真诚地表示你对他们感兴趣呢？

第一，无论他是什么人，你都必须真心地尊重他，让他体会到你的真诚。

第二，对他的职业感兴趣，并且学会恰到好处地称赞。

第三，要记住客户的生日，并在他生日的时候进行祝贺。

第四，要发现对方的兴趣点，并注意满足他。

你对别人感兴趣是在别人对你感兴趣之前，所以，你要推销，首先就要对客户真诚地感兴趣。

成功就是永远比你的竞争对手多做一点

成功并不是一蹴而就的，但如果每天进步1％，一年，五年，十年后，其改变就会大得惊人。

"人一旦来到这个世界，就得对自己负责，每天努力地修行。如何使今天的自己比昨天的自己更进步、更充实，这是人生的责任中最要紧的。"原一平这样认为。

原一平为了让自己不断进步，举办"原一平批评会"，坐禅修行，请人调查自己，在"认识自己"与"雕塑自己"的过程中，他由原来的穷小子逐渐变成了亿万富豪。

每天都持续不断地改进，每天进步一点点，你肯定会成功。

也许你只是比别人早起了一点，参加了公司早会，多学了一点东西，而这一点就成为别人与你专业知识的差距；也许你每天只比别人多见了一个客户，多送了一份产品说明书，然而日复一日，你却成为行业中人人崇拜的英雄。

业绩的领先并不是因为你比别人多花了二倍、三倍，甚至更多的时间，而只是每天多花了一个钟头而已。下班之前，我们要告诉自己，再努力一个小时。

3和4的差别只有1个数，但当3的4次方和4的4次方比较时，我们惊讶地发现数字变为81：256。人生就是一个追求卓越的过程，只要我们每个人每天进步1个点，那么一年就进步365个点。持续这样做，这样地改善，人生中任何一点点差距都有可能在几年后相差十万八千里。每天进步一点点，这是我们的工作所需，更是我们一辈子的事情，这就是我们每天的目标。

乔·吉拉德指出：成功的秘诀就是多做一点，永远比你的竞争对手多做一点。当别人停止工作的时候，你再多打一个电话给你的顾客；在遭到拒绝无法站起来面对的时候，再拨一次电话；当大家都说很累时，你再去拜访一个客户。

美国圣地亚哥汽车推销冠军成功的秘诀就是：每天比竞争对手多卖一辆车子。第二名卖一辆，他就卖两辆；第二名卖二辆，他就卖三辆。月底结算时，他一定是第一名。

无论工作、生活还是家庭沟通，都要持续不断地去改变。当一天结束时，应该问自己"今天我做了哪些事情？有没有比以前更加进步一些？如何把这些事情做得更好？"

每一个人都值得感谢

不要在别人接受你的意见或是购买你的产品时才感谢他。事实上，每一个人都是值得感谢的，因为他至少抽出时间给你，愿意和你交谈。

很多业务员非常现实。这些业务员并不了解，顾客让我们参与他们生活的一部分，愿意花宝贵时间听我们介绍自己的产品、服务及理念，这些都是值得感谢的。

世界顶尖的推销员，都抱有一颗感恩的心。不论成交于否，他们都要寄张贺卡或打个电话给拜访过的人，表示感谢。当客户跟你购买的时候，更要感谢他；当顾客不买的时候，你还是要感谢他。

汤姆·诺曼用信函来传达文字画面。他训练业务员在达成销售后一定要写信给顾客。

汤姆坚持手写信函，从不用打印稿。甚至折信的方式他也非常用心。

例如，他在信中写：

"对于您的款待我要表达个人的感谢。我非常高兴拜访您和您的家人。我很荣幸您选择我们的产品且能听您讲授它所带来的成果。我会和您继续保持联系，以便将来您有其他需要我服务的地方。同时，假如您有任何需要协助的地方，请不要客气，尽管和我联络。

"谢谢您，世界因为您而变得更为精彩，是您丰富了我的生命。"

这封信勾勒出一些画面，并给客户不同程度的震撼。他要让顾客确信"我不会因为您买了产品便不再管您。"他勾画出业务员是以服务为导向。这个方法使他登上了推销的最高峰。

如果你能不断地感谢每一个人，他们就会发现你是他们见过的最特别的一位推销员，也是服务态度最好、最热诚的一位推销员。

经常和客户保持联系和友好往来。这样，有一天当他们有需要的时候，一定会购买你的产品。他们现在不买并不表示永远不买。做生意要看长远。

推销活动中，千万不要吝啬于感谢别人，一张小小的贺卡能够交到许许多多的朋友，也可能带给你意想不到的收获。

交易完成，买卖才刚开始

许多销售人员都认为，交易完成的那一刻就代表一切结束了。大错特错！其实这时买卖才刚开始。推销员和客户的关系应该像长期的婚姻关系一样，不断来回的生意，是成功的加项。不论是卖家具、保险、房产或家电用品，其中的道理都是一样的。许多推销员在交易完成的那一刻，就扼杀了重复生意的机会。很悲哀，因为他们忘了那才是买卖的开始。

进行产品交易时，客户最先买的应该是你这个人。当你站在产品前面，就表示你介于客户和他所买的东西之间。交易完成后，你变成了他的朋友——事实上你应该努力这么做。

任何问题或瑕疵都可能使客户很不高兴。他到经销商店里来时可能会掀起风暴，影响你的生意。

有些推销员一见到客户在交易完成后气冲冲地跑来，就会说："讨厌的家伙来了"，然后躲起来。躲到洗手间或从后门溜走，要别人替他们挡着。他们尽一切可能去逃避客户。

躲掉客户或推卸责任，都会立刻结束长远的生意关系，因为那时才是长久生意的开始，假如推销员能多付出一些的话。

有时候走额外的一里路，你也许会为一笔生意付出少量的金钱，但这是值得的。你或许发现，新车具有种种很好的保证，不过其中并不包括前后轮的定位。

所以，每次交易完成后，你要提醒客户："贝兹先生，我想你有可能在路上碰到凹洞，造成前轮定位不准。由于我很重视你这笔生意，我愿意提供一次免费轮胎定位的保证。"这项保证并不会花掉多少钱。

做个走两里路的人不但可以得到交易，还可以维系生意。这对销售商品或服务很有帮助。

想想看，如果你也用这种心态来推销全世界最棒的产品——你自己，会有多大的助益？

当别人认为你很愿意伸出友善之手——不论他们是否要求，你就能很容易地反复自我推销，因此你也就成为品质更好的产品了。

没有离开的客户，只有离开的推销员

乔·吉拉德说过，没有永远的失败，只有永远的放弃。没有离开的客户，只有离开的推销员。

在拳击场上，绝对没有第一拳就能击倒对手的纪录，只有连续的重击，才能把对手击倒；在足球场上，输赢往往就在一两个球的细微差距，但任何一位足球教练都会告诉球员：要想赢球，就必须不停地进攻和防守，不断地消耗对方的锐气。

同样，在销售场上，一项影响较大的销售，往往需要推销员拜访五次以上才能成交。优秀的推销员从来不会因为"准客户"一时的拒绝，就放弃拜访。

遭到拒绝后，有经验的推销员会采取一种不给对方施加压力的方法。他们会经常与"准客户"联系，定期把产品的相关信息寄送给客户。同时，每隔一段时间还会与客户约访。事实证明，这样做会比穷追不舍的效果好得多。"准客户"会被你的关心与体谅感动，你的努力和付出也必会在一定时候得到回报。

正如乔·吉拉德所说：我从未放弃过，也不会离开；我一直都在这里，门是开着的，准客户一再地拒绝，只是因为时机未到罢了。

如果你不幸遭到拒绝，请在澄清客户的疑惑后再去尝试——请求成交；如果尝试后得到的还是否定的回答，就再去澄清，再去尝试。只要你敢于面对这种拒绝，并且有技巧地坚持下去，相信你最终会成功的。

有人曾经统计过，在所有向顾客尝试要求成交的推销员当中，有40％的人在第1次被拒绝后会放弃；有22％的人在第2次被拒绝后会放弃；有16％的人在第3次被拒绝后会放弃；有14％的会在第4次被拒绝后人才放弃。

如果把这些放弃的人数的百分比相加，你会发现竟然有高达92%的推销员没有在第5次后再次尝试，要求与顾客成交。相反地，只有8%的推销员在遭受拒绝后有勇气尝试第5次。

请记住这个事实：60%的顾客在成交之前，会拒绝4次。所以，正是由于那8%的"勇夫"仍去尝试第5次，才有了独享60%的顾客生意的顶级推销员。

推销员一定会遭到多次拒绝，重要的不是听到多少个"NO"，而是听到多少个"YES"。失败多少次并不重要，重要的是你要采取哪些行动去帮助自己再尝试一次。一次的成功并不重要，重要的是永远不放弃成功的念头，只要坚持到底，永不放弃，就一定能成功。

顾客见证讲的每句话比你说 100 句话还管用

聪明的消费者不会随便购买价值昂贵的产品，他们需要足够的证据。

强有力的顾客见证会让你的顾客产生非常强烈的好奇心，产生非常大的信赖感，促使顾客立刻行动。

推销过程中最重要的秘诀就是使用顾客见证，当然最好是名人见证。这也是很多企业都请名人做广告的原因之一。

世界第一的潜能训练大师安东尼·罗宾，他的潜能开发录音带，7 年销售 2500 万盒以上，是有史以来最畅销的个人成长录音带，他每年都有 2000 万美元投入在广告上。

在他的顾客见证当中，有《一分钟经理人》的作者肯布兰查先生，有《攻心为上》的作者麦凯先生，还有美国总统克林顿、曼德拉总统、戴安娜王妃和世界网球巨星阿格西、福星五百大企业的总裁。

有一个从未参加过比赛的高尔夫选手，他第一次参加全国比赛就获得了冠军。事后他跟大家说，假如没有听过安东尼·罗宾的录音带，他没有办法得到冠军。

这盘磁带的顾客见证具有如此强烈的震撼力，使人们不得不去买。

在美国一家房地产公司，有世界第一的推销员，他平均每两天就能卖一栋房子，别人一个月卖两三栋，就已经不错了。连他都需要天天听安东尼·罗宾的录音带，所以当顾客看到之后，就一定会购买。

每个推销员都需要使用顾客见证。顾客见证讲的任何一句话比你说 100 句话还管用。

在推销过程中还可使用其他各种"证据"，如一些权威性的文字、良好的企业形象、正面的报道、杂志、书籍，还有专访、名人的推荐信函、政府图表、数据图片、统计表格、有名的爱用者、使用者的名单照片、文件和口碑，等等。

有些推销员会把各种与产品有关的见证、照片、剪报等收集在活页夹里，以便随时拿出来作为推销说服的证据。

对你的产品最热心的人就是曾经使用过或正在使用着它的顾客，这些顾客对产品的说明或见证，有时比你自己的推销谈话还精彩。

多谈价值，少谈价格

有关讨价问题，心理学家曾做过调查，认为客户讨价的动机有以下几种情况：

（1）客户想买到更便宜的商品。

（2）客户知道别人曾以更低的价格购买了你推销的产品。

（3）客户想在商谈中击败推销员，以此来显示他的谈判能力。

（4）客户想利用讨价还价策略达到其他目的。

（5）客户怕吃亏。

（6）客户想向周围的人证明他有才能。

（7）客户把推销员的让步看作是自己身份的提高。

（8）客户不了解产品的真正价值，怀疑产品的价格与价值的不符。

（9）客户根据以往的经验，知道从讨价还价中会得到好处，且清楚推销员能做出让步。

（10）客户想通过讨价还价来了解产品真正的价格，看推销员是否在说谎。

（11）客户想从另一家买到更便宜的产品，他设法让你削价是为了给第三者施加压力。

（12）客户还有其他同样重要的异议，这些异议与价格无关，他只是将价格作为一种掩饰。

任何东西都有人嫌贵，嫌贵只是一个口头禅。这是推销员最常见的客户异议之一，遇到这种异议时，切忌回答"你不识货"，或"一分钱，一分货"，在解决这个问题时，推销员应遵循以下原则：

（1）先发制人，不等客户开口讲出来，就把一系列客户要提出的异议化解。

（2）在商谈中尽量先谈产品价值，后谈价格。

（3）在交易中，价格是涉及双方利益的关键，是最为敏感的内容，谈论价格容易造成僵局。化解这一僵局最好的办法是多强调产品对客户的好处与实惠。因此，要多谈产品的价值，尽量少谈产品的价格。

（4）把客户认为价格高的产品跟另外一种产品作比较，它的价格可能就显得低些。要经常收集同类产品的价格资料，以便必要时进行比较。

（5）在可能的情况下，尽量用较小的计价单位为客户报价，如火柴每包售价 1 元，将报价单位缩小到每盒 0.10 元。将交易总额细分为许多的小数额，会使你的客户比较容易购买。

（6）从产品的优势，如商品的质量、功能、声誉、服务等方面引导客户正确看待价格差别，指明客户购买产品后所得到的利益远远大于支付的货款，客户就不会再斤斤计较价格了。

（7）把高档产品与一些劣质的竞争产品放在一起示范，借以强调所推销产品的优点，并教客户辨别产品的真伪，经过一番示范比较后，客户就价格所提出来的异议会马上消失。

在推销活动中，无论客户提出哪种价格异议，推销员都应认真加以分析，探寻一下隐藏在客户心底的真正动机。只有摸清了客户讨价背后的真正动机，推销员才能说服客户，实现交易。

最糟糕的话，莫过于"我忘记了"

一个人所能说的最糟糕的话，莫过于"我忘记了"。它们属于"抑制性"的字眼，会减少你推销自己、推销你的想法和理念的机会。怎么说呢？会有什么样的损害呢？

想想你忘记一个重要约会的后果。

如果你忘了结婚纪念日、生日或其他特别日子，会有多头痛。

要是学生在一项重要的考试中突然脑袋空空，那有多糟糕。

想想看，舞台上的演员突然忘词会有多尴尬。

第二篇
从"锅炉工"到"汽车业推销冠军"

推销员如果在展售时忽略了一位重要客户的利益，就会失去那笔生意。

还有许多场合，"忘记"这两个简单的字，会让你付出无法推销自己的代价。而如果善加管理记忆，就能够适时地弥补。

有人说大象从来不会忘记事情。不过，即便如此，大象还是不会推销自己或者推销其他东西，问题在于大象不知道如何选择、管理它的记忆。而人类有能力筛选重要的，把不重要的剔除，这就是人和大象的不同。

还有人说记忆力最差的动物是骡子。我们通常认为骡子很顽固，不按照我们的意思去做，别扭极了。动物训练专家说其实不然，骡子不遵从我们指挥的原因是，这一刻你告诉它，或做给它看，下一刻它就忘记了。这刚好和大象相反。

幸运地，我们既非大象也不是骡子。如果我们能够掌握其中的技巧，就可以做选择性的记忆管理。

记忆管理非常重要。

记得某人的姓名，可以助你敞开大门，让别人立即亲近你。要是你忘了他的名字，可能就不得其门而入了。

说了要到某个地方，结果没去，或没按照时间出现，会让你变成输家。忘了约会可能会失去工作，当然也会造成金钱上的损失。很多医生如牙医现在都会向爽约的病人收费。

有些人拥有绝佳的记忆力，并会运用这种能力而达到相当的成就——特别是在记名字这方面，姓和名都要记。

罗伯·蓝得是通用汽车雪芙兰部门的总经理，在每次经销商会议中，他都站在门口，叫出每一位经销商的名字，向他们打招呼。他记住了全部的人名，这实在很不简单，因为雪芙兰在全美有超过六千个经销商。

任何成就都是天天练习的结果

任何成就都是天天练习的结果。只是很多人一开始下很大决心去练习，但没过多长时间就放弃了。

希腊著名演讲家德谟克利特一出生就有口吃的毛病，但他发誓一定要成为顶级演说家。他下决心训练自己，每天跑到海边，把波涛汹涌的海水当作听众，对着大海大声地演说。他还将石子塞在自己嘴里，迫使自己矫正口吃的毛病。勤奋和刻苦终于使他成为古希腊最著名的演说家。

一位连续三年获得世界冠军的高尔夫球选手，每天挥杆数次，从不间断地重复着一个简单而又枯燥的击球动作。别人对此不解，问他为什么已经连续三年获得世界冠军了，还要练习这种新运动员每日必练的动作？这位世界冠军认真地回答说："要知道，最辉煌的成绩往往都是靠最简单、最基本的动作获得的。我能连续三年获得冠军，当然会做这个动作，现在我之所以还在做，是因为我要训练基本技术的熟练程度。只有练到每一个动作都不用想的程度，比赛时才能只盯着球洞就行了。"

乔·吉拉德曾经为了增强自己的亲和力，每天不分昼夜地在镜子面前练习微笑。有时他在路上边走边笑，竟被邻居当成神经病。乔·吉拉德在每次拜访客户之前，总会和夫人演练，夫人模仿客户，把一些刁钻的问题抛给乔·吉拉德，乔·吉拉德要在最短的时间内给予夫人最满意的回答。

出类拔萃和顶尖不是从来就有的，它来自不断地练习，练习，再练习。顶尖推销员都懂得天天练习的重要性，因为他们知道：只有在不断的自我操练中，才能更准确地把握客户真正的购买点。

以下这些基本动作都是顶级推销员们从不间断的基本动作，你要坚持天天练习：

（1）初次见面的自我介绍。

（2）产品知识介绍。

（3）回答客户异议之术。

（4）电话行销之术。

（5）不断拜访新的客户。

（6）练习微笑给人如沐春风的感觉。

（7）培养自我暗示、静心思考的习惯。

对准客户的了解，如对 10 多年的老友那样

世界最顶尖的推销员，在做任何事情之前，都要做非常充分的准备，因为他们都知道：成功总是降临在那些有准备的人身上。

在与准客户见面之前，必须把对方的情况了解得一清二楚，否则就绝不与他见面，这是乔·吉拉德推销的原则之一。与客户见面之前，他会根据所有可以收集到的详细资料，描绘出客户的形象，同时想象站在客户面前与客户谈话的情景，如此演练数次之后，他才会真正地去拜访客户。

乔·吉拉德说："对准客户的了解，起码要达到 10 多年的老友那样。"

一个顶级的推销员在推销前的准备是非常彻底的，包括事前资料的收集、模拟演练、角色扮演，一切都要熟练，他们有备而战，该带的辅助用具，如计算机、梳子、名片、笔、记事本、手帕、打火机、价目表、契约书、订货单、目录、样品……都会一一带齐。

做大量的事前准备是推销员轻松签约的第一步。

假如你有九小时去砍一棵树,你就要花六小时磨斧头。

访问客户前,推销员要对自己的仪容、仪表,如头发、皮鞋、穿着、精神面貌——检查,看是否合乎标准。

除了对本公司的产品、服务有了解外,推销员对竞争者也应该相当了解,对一般法律知识、票据知识、同行业知识及一般常识都要有所掌握。

乔·吉拉德提醒推销员在初次拜访客户前要检查以下准备:

(1)使用能吸引准客户的名片。

(2)列出准客户能立即获得的好处。

(3)准备好请教准客户意见的问题。

(4)能够解决准客户尚待解决的问题。

(5)告诉准客户重要的讯息。

(6)一定要复习产品的优点,熟悉公司产品的特色与功能。

(7)了解竞争对手产品的缺点及不足之处。

(8)一定要掌握客户的需求及详细情况。

推销无小事,事事关成交

大凡成功的推销员都知道如何从细微之处打动顾客,著名的汽车推销大王乔·吉拉德自然也不例外。

乔·吉拉德和顾客在一起的时候从不接电话,而且禁止总机把任何电话转进办公室。就像律师在法庭上从不接电话,医生在做手术时也无暇接电话一样,乔·吉拉德认为自己跟他们一样重要,因此他也不接电话。乔·吉拉德有一个观点，那就是如果推销员在和顾客的谈话时，因为接电话而中断谈话，那么顾客的购物热情就会一落千丈！

环视乔·吉拉德的办公室，墙上见不着一幅汽车宣传画。原因何在？"有多少次你在汽车推销员办公室的墙上看到花花绿绿的汽车招贴画呢？"乔·吉拉德这样回答："那只会让顾客困惑。他会提出一些问题，如'那辆车多少钱？'或'嗯，也许我该看看那个型号。'我的墙上只有我获得过的奖章。这些奖章会让顾客知道与他打交道的是个人物。"

当一名顾客走进乔·吉拉德的办公室，乔·吉拉德所做的第一件事就是送给顾客一枚圆形的纪念章，上面印着一个苹果并写有"我喜欢你"的字样。乔·吉拉德也给他们的妻子和小孩一人赠送一个。然后，孩子们还得到一种心形的气球，上面写着"乔·吉拉德会让你满意而归"。

乔·吉拉德这样解释自己的做法：

"你知道，大家都喜欢对自己孩子友善的人。我跪下来对孩子们说：'嘿！你叫什么名字？啊，吉米，你好。呀，这小孩真乖。'接着，我仍然跪在地上，与小吉米爬到我的柜子那儿，这时他的父母一直在瞧着这一幕！'吉米，我这儿有好东西给你。瞧瞧是什么好东西！'我把手伸进柜子抓出一把棒棒糖，告诉孩子：'现在，吉米，你拿一个棒棒糖，剩下的妈妈拿着。这是气球，气球爸爸拿着。好，我跟爸爸、妈妈谈话时你要乖乖的，别闹。'这段时间我都是跪在地上的。这些都是人情，也是推销的一部分。现在这位顾客怎能拒绝一位和他的孩子趴在地上玩的人呢？"

"推销无小事，事事关成交"，乔·吉拉德这样说。

噪音暗含的意思和指向

客户无来由的拒绝、情绪化的怨气、无理的指责，就是推销中的噪音。

"你们产品的质量怎么这样差呀！"

"上次维修你们怎么搞的？"

"我们不要！"

"我们一直用 A 品牌，挺好的！"

"今年的预算已经用完了，明年再说吧。"

拒绝和挑剔无处不在。相当多的推销新手，就是因为无法忍受这些噪音，最终放弃了美好的推销生涯。

客户是人，人是感性基础上的理性动物。所以，客户的噪音很少来源于理性的思考，更多是基于感性上的条件反射，是客户当时心态、情绪和彼此亲疏远近关系的体现。这就决定了我们不能以完全感性的态度和方式来对待它，而是要理性地分析和思考，发现其感性的根源，然后予以解决。

在分析噪音时，要明白噪音本身没有任何意义，有意义的是它暗含的意思和指向。

"你们产品的质量怎么这样差呀"——其实故障在合理范围内，只是心存不满；

"上次你们的维修是怎么搞的"——我因此受到批评了，你们这么做让我很为难……

从噪音中抓住客户的潜台词是困难但很重要的一步。

另外，噪音的存在说明双方的沟通刚刚开始或者沟通不足，解决沟通的问题就是灭除噪音之道。

我们需要从心理上消除噪音对自己的不良影响，从积极的方向去理解它，而后才能理性地解决这个非理性的问题。简而言之，就是要以平和之心消除对方的浮怨之气，达到互感真诚的境界。

第一，从心里忽略这些过激言行，尽量保持内心的平静，避免刺激对方，从心理上为化解不愉快的局面做好准备。

第二，表现出倾听的姿态，以传达端正的态度和诚恳解决问题的愿望，让客户感觉被重视和受尊重。仔细听其言，观其行，从纷繁的噪音中收集解决问题所需要的信息。

第三，换位思考。一方面发现客户不满的深层原因和言外之意，从而达到心领神会的效果；另一方面理解客户的难处，从表面的消极言行中挖掘出积极的善意，体会客户的善良本意。

第四，说出自己的真实感受。明白无误地指出对方的善良本意，客户会因为你的理解而平息大部分怨气。而后你就可以得到充足的时间和机会陈述你的合理原因和解释。

通过以上步骤，一个灭噪过程就基本完成了。

设计一些新颖的推销语言和行动

卡尼是美国摄影界非常知名的商业摄影师。给别人拍照片时，他从来都不对被拍摄的人说"笑一笑"。卡尼觉得，不用"笑一笑"而使对方笑出来，会让自己的工作更富于创造性。在他的摄影作品中，人物多数面带笑容。卡尼的办法是有效的。他避免了使用陈旧的、缺乏想象力和不真诚的语言——是否使用这些语言，正是摄影师和摄影爱好者之间的区别。

要想做成生意，你必须使用更高超的语言技巧，以免使顾客觉得你像一个不诚实的推销员。如果顾客觉得你像一个不诚实的推销员，那么多半是因为你就是这样的人。

以下是你需要牢记的几个绝对不能运用的推销语言：

"实话给您说"——听起来就像不老实。所有的推销课程都会建议你把这句话从你的词典中删掉。

"跟您说句最最实在的吧"——比"实话对您说"更加糟糕。客户听到这句话总会对说话的人疑心大增。

"老实说"——后面跟着的几乎永远是谎言。

"我说的就是这个意思"——不，你不是。这可能是最不老实的一句话了。

"您今天能下订单吗？"——饶了我吧。这是一个愚蠢的、令人生气和厌恶的句子。

"您今天好吗？"——当人们在电话里听到这句话时，脑子里立刻会冒出来："这个蠢货又想向我推销什么？"

"我能为您做点什么？"——这是世界上零售推销员的口头禅。你应该想想：这句话在零售业盛行了一百多年之后，有没有什么更新颖一点、更能从顾客角度出发的说法。

"你懂了吗？"——当你为顾客说明产品的功能和质量时，可能到最后都要加上这句话，你觉得这是对顾客负责，但你恰恰没有意识到，顾客听到这句话的时候，会觉得你在把他当一个傻子。

你所面临的挑战是如何重新设计你自己，以达到帮助和满足顾客的目的。你新颖的话语和行动经常决定了你是得到首肯还是拒绝，也决定了那张订单是归你还是落入你对手的腰包。那么，做些什么，来避免这种情况发生吧。

如果你不得不以说话的方式告诉别人自己是怎样的，那么你多半就是那样的。想一想，"我诚实"与"我人品好"，甚至于"我是老板""我是负责的"，这些话往往说明事实恰好相反。

客户只在意产品给其带来的效益

没有人会为了表芯结构的细微、精密而买表，人们并不在乎手表的内部构造，而只关心准确的时间。

准客户不在意产品的专业知识，只在意产品给他们带来的效益。

大多数的推销员都认为自己是在推销一件商品或一项服务。实物固然最能说明价值，可高明的推销员推销的通常都是一种观念或一种感觉。以保险为例，人们所买的并不只是一纸保单，他们要买的是心灵的平安、财产上的安全感和有保障的收入。这些都是准客户的观念，而保险只不过是一个工具罢了。

不要销售钻孔机，要推销它们所钻出来的弧度完美、平整的钻孔；不要销售汽车，要推销名气与地位或者是驾驶的平稳感觉；不要销售保险，要推销安全，免于悲剧发生、财务安定的家庭；不要销售眼镜，要推销更清晰的视野和造型的优美；不要推销吸尘器，要推销舒适、整洁；不要推销锅具，要推销简单操作的家务和食物的营养。

乔·吉拉德给推销员的建议是：在准客户的眼里，他所能了解的就是产品本身的好处，推销员要推销的也正是产品带来的好处。

有一次，一家超级市场破了金氏世界纪录，因为它一年的营业额竟然可以超过一亿美金。只是一家超级市场，一年为何会有一亿美金的营收？

老板说："我们并不是在卖食物，我们卖的是快乐，我们公司唯一的宗旨就是：让顾客快乐。所以，我们在超市里摆了很多迪士尼游乐器材，放了非常好听的音乐，所有的布置是为了让顾客进来后，感到非常快乐。我们卖的产品是快乐，而不是食物。"

你要不断地思考，你到底卖的是什么。

如果你能够了解这一点，你的业绩必会有大幅度的成长；如果你还是无法了解这一点，你势必会天天碰壁而业绩糟糕。

推销你喜欢的东西，喜欢你推销的东西

你这一辈子最大的客户是谁，你知道吗？是你自己。

假如你无法销售你的产品给自己的话，那你就别想把它销售给任何人。

你要百分之一百地相信你的产品能够带给顾客好处，你要坚信购买绝对是他的幸运，不买绝对是他的损失。

假如你不相信自己的产品，你就根本无法热情地去销售，你就没有办法做到最好，当然没办法赚钱。连你自己都不相信的产品，别人能购买吗？

推销员推销的第一步就是要选择自己喜欢、又感兴趣的产品来推销。一种产品，推销员若是不喜欢，他就不会花时间、下力气去了解、研究产品的性能。在这种情况下，推销员即使说得天花乱坠，也会漏洞百出。一旦被客户看出破绽，客户就会有一种受欺骗的感觉，对产品的兴趣全无，也就谈不上购买了。由此可见，推销员一定要选自己感兴趣的产品来进行推销，因为只有对产品有了兴趣、了解、研究，并相信它的价值，推销员才会建立对产品的自信，才会赢得用户的信任。

相信你的产品是销售的第一步。只有百分之百地熟悉和了解你所销售的产品，只有完全地了解其功能与作用，你才能明白它会给客户带来什么利益和好处，然后满怀信心地向他们推销你的产品。

"我可以销售任何东西给任何人，在任何时间"。当你保持这种信念，并付出大量的行动时，你一定会取得很好的结果。

推销你喜欢的东西，喜欢你推销的东西。当你喜欢某种事物时，你会对此有信心，当你向人们谈论你所喜欢的事物时，他们会听你讲，会感觉到你的热情和真诚，会更加相信你。当人们信任你时，他们自然就会与你做生意。

始终相信你就是最好的，没有人可与你媲美：谈到你推销的东西时，焕发出光芒，点燃起火焰。同时，不要揭竞争对手的短，理解你的竞争对手也是很能干的，但没有像你那么能干；理解他们的产品也是不错的，但绝没有你所提供的产品那么棒。

抓住你产品的特性，渲染它们，不断提到它们。诚实地、真心地相信这些特性，在面谈中赞美它们，直到它你成为你推销中的核心要点为止。

推销之前，你最好已经是产品的客户之一

相信你的产品，在向别人推销产品之前，你必须百分之百地先把自己说服。否则，你就无法去打动别人。不管你伪装得如何巧妙，人们迟早会把你看穿。

当推销员坚信自己的产品很有价值，并且向客户提供这些产品时，说服力就会展现。世界上顶级的推销员都是在尽力向他们的客户提供好处，而不是急于拿到大笔佣金。要是让金钱成了你主要的驱动力时，那你就很少能成功。客户能够从推销员的眼睛里读懂金

钱的欲望，这种欲望的确在某些人的脸上或多或少地表现出来，但你必须优先考虑客户的利益，把自己的利益排在其次。

把赚钱的念头抛在脑后吧！当你留心守候，找到满意的客户时，大笔的佣金自然而然就会落入你的口袋。

你如果推销的是富康汽车，你一定要坚信它物超所值，可能富康汽车比不上本田、奥迪，但你要尽力让客户的每一分钱都花得值。若不能相信这一点，你根本就推销不了富康汽车。

此外，不管你推销什么产品，你都应当先购买一个。曾经有一位寿险推销员想卖给乔·吉拉德 50 万美元的保险单。乔·吉拉德就问他买了多少。"嗯，我投了两万五千美元的保，乔。"他压低了嗓音回答。自那以后，不管他说些什么，乔·吉拉德再也不会相信他。几个星期之后，乔·吉拉德对另一位寿险推销员提出同样的问题，他充满自信地告诉乔·吉拉德，他买了 100 万美元的保险。因为他的话很有说服力，乔·吉拉德决定从他手上买下一份大额保险。

想象一下，当你走进一家高级男士服装店的时候，接待你的营业员却穿着一身极差的便宜货；或者发现化妆品柜台后面的女人根本就未施粉黛；或者遇上一家健美中心的推销员要你购买终身会员证，而他自己却体态臃肿。面对这些情况你会相信他推销的东西吗?

千万不要说竞争对手的坏话

永远要了解竞争对手为什么成功，以及他曾经犯过哪些错误。要成功必须要做成功者所做的事情，同时也必须了解失败者做了哪些事情，并且让自己不要再犯类似的错误。

推销员在与竞争的产品作比较时，务必要诚实，不要批评自己的竞争对手，因为批评自己的对手可能导致顾客对自己的反感，比如顾客正在使用竞争对手的产品，而且又非常喜欢。那么，你对竞争产品的攻击就很可能会导致顾客的不满。因此，最好的办法是突出自己公司产品的优点以及顾客将会得到什么好处，这是最有说服力的。当你在推销过程中，遇到竞争对手时，要做到以下几点：

（1）绝对不要说他们任何坏话，即使准客户自己说了他们的坏话你也不可附和。

（2）称赞他们是卓越的竞争对手。

（3）表示敬意。

（4）强调你的优点而非他们的缺点。

（5）展示你与他们的不同之处，展示你的优点如何强过他们。

（6）展示一封中途决定向你购买的客户给你的感谢信。

（7）自始至终保持你的道德操守与事业目标——即使这意味着咬紧牙关，就算流血也要三缄其口。

千万不要批评你的竞争对手，要赞美对方。竞争对手是你学习的对象，因为是他们的竞争使你成长更快。记住乔·吉拉德的告诫：永远比你的竞争对手更努力，你就一定会成功。

把所有发动机全部启动

乔·吉拉德认为，所有人都应该相信：乔·吉拉德能做到的，我们也能做到，乔·吉拉德并不比我们好多少。

他之所以做到了，是由于他投入了专注与热情。他说，放弃了建筑生意，就因为太多选择、太多人，会分散精力，而这正是失败的原因。

世界上大多数人最担心的重大事情是：怎么使自己事业成功？乔·吉拉德认为，应当投入聪明、有智慧的工作。

有人说对工作要百分之百地付出。他却不以为然地说："这是谁都可以做到的。但要成功，就应当付出140％，这才是成功的保证。"他说他对自己的付出从来没有满意过。

每天入睡前，他要计算今天的收获，冥想，集中精力反思。今天晚上就要把明天彻底规划好。离开家门时，如果不知道去哪，那么乔·吉拉德是不会出门的。

他说，你认为自己行就一定行，每天要不断地向自己重复。要勇于尝试，之后你就会发现你所能够做到的连自己都感到惊异。

要燃起熊熊的信念之火，乔·吉拉德认为，两个单词非常重要：一个是"我想"，另一个是"我能"。

悲剧在于，全世界95％的人并不知道他们要什么。但是，没有强烈的欲望，就不能成为好的推销员。乔·吉拉德说这一点在他身上很管用。知道自己需要什么，最好把所要的拍张照片挂起来以增强这种欲望。做推销员时，他把全公司最好的推销员的照片挂在墙上，告诉自己要打败他。他成功了。

"没有人能左右你的生活，只有你自己能控制。失去自己就是失去了一切，连朋友也不会理睬你。"

一定要与成功者为伍，以第一为自己的目标。乔·吉拉德以此为原则为人处世，他的衣服上通常会佩戴一个金色的"1"。有人问他："因为你是世界上最伟大的推销员吗？"他给出的答案是否定的。他说："我是我生命中最伟大的！没有人跟我一样。"

如果看到一个优秀的人，就要挖掘他的优秀品质，根植到你自己身上。

一位医生告诉乔·吉拉德，每个人体内有一万个发动机。乔·吉拉德家最外面的门上有一句话：把所有发动机全部启动。

他每天这样离开家门：观察身上所有细节，看看自己是否会买自己的账。一切准备好，手握在门把手上，打开门，像豹子一样冲出去。乔·吉拉德对自己说：

"我感觉好极了！我正处于巅峰状态！我是第一名！"

卖汽车，人品重于商品

乔·吉拉德认为，卖汽车，人品重于商品。

一个成功的汽车销售商肯定有一颗尊重普通人的爱心。他的爱心体现在他的每一个细小的行为中。

有一天，一位中年妇女从对面的福特汽车销售商行走进了乔·吉拉德的汽车展销室。她说自己很想买一辆白色的福特车，就像她表姐开的那辆，但是福特车行的经销商让她过一个小时之后再去，所以先过这儿来瞧一瞧。"夫人，欢迎您来看我的车。"乔·吉拉德微笑着说。

妇女兴奋地告诉他："今天是我 55 岁的生日，想买一辆白色的福特车送给自己作为生日礼物。"

"夫人，祝您生日快乐！"乔·吉拉德热情地祝贺道。随后，他轻声地向身边的助手交代了几句。

乔·吉拉德领着这位妇人从一辆辆新车面前走过，边看边介绍。在来到一辆雪佛莱车前时，他说："夫人，您对白色情有独钟，

127

瞧这辆双门式轿车，也是白色的。"

就在这时，助手走了进来，把一束玫瑰花交给了乔·吉拉德。他把这束漂亮的花送给夫人，再次对她的生日表示祝贺。

这位妇女感动得热泪盈眶，非常激动地说："先生，太感谢您了，已经很久没有人给我送过礼物了。刚才那位福特车的推销商看到我开着一辆旧车，一定以为我买不起新车，所以在我提出要看一看车时，他就推辞说需要出去收一笔钱，我只好上您这儿来等他。现在想一想，也不一定非要买福特车不可。"

后来，这位妇女就在乔·吉拉德那儿买了一辆白色的雪佛莱轿车。

正是这种许许多多细小的行为为乔·吉拉德创造了空前的效益，使他的营销取得了辉煌的成功。

假如您不雇用我，您将犯下一生最大的错误

1962 年，乔·吉拉德一直都在寻找工作，但没有成功。在 1963 年 1 月份的第一个星期，事情已糟得不能再糟了。妻子向他哭诉家里已没有食物，所以孩子们都出去乞食了。就在那一天，他请求一位雪佛莱汽车销售经理哈雷雇佣他成为推销员。哈雷先生起初很不乐意。

"你以前推销过车子吗？"经理问道。

"没有。"

"为什么你觉得你能胜任？"

"我推销过其他的东西——报纸、鞋油、房屋、食品，真正重要的是，我推销自己，哈雷先生。"

此时的乔·吉拉德已树立了足够的信心。

哈雷先生笑了笑，对吉拉德说："现在正是严冬，是销售的淡季，如果我雇用了你，我会受到其他推销员的责难，再说也没有足够的暖气房间用，你说我该怎么办？"

乔·吉拉德马上说："哈雷先生，假如您不雇用我，您将犯下一生最大的错误。我不抢其他推销员的生意，我也不要暖气房间，我只要一张桌子和一部电话，两个月内我将打破您的最佳推销员的纪录，就这么定了。"

看到乔·吉拉德如此有信心，哈雷先生终于同意了他的请求，在楼上的角落里，给了他一张满是灰尘的桌子和一部电话。

乔·吉拉德就这样开始了他的汽车推销生涯。那个晚上，他就卖出了他的第一辆车，并从经理那里借了10美元买了一袋食物回家。销售汽车的第二个月，他就卖出了18辆汽车和卡车，以至于不久汽车店的老板就解雇了他，因为其他销售员抱怨他野心太大，这给他们带来的压力太大了。

在乔·吉拉德的名片上，写着这样一段话：假如一生当中，你买过一次我的汽车，我就会让你一辈子无法忘记我。

——这是一句自信的誓言，它永远属于那些"世界上最伟大的推销员"。

将你的好产品卖给一个需要它的顾客

即使你的产品再好，如果它对顾客没有用，那么推销仍是失败的。美国有家商学院设立了一个天才推销奖，要想获得这个奖项，就要把一个旧式的砍木头的斧子推销给现任的美国总统。这是一件很难的事，克林顿总统没有这样的爱好。但在布什总统刚刚上任的时候，一位学生经过策划，向他发出了一封信，信中这样写道："尊敬的布什总统，祝贺你成为美国的新一任总统。我非常热爱你，也很热爱你的家乡。我曾经到过你的家乡，参观过你的庄园，那里美丽的风景给我留下了难忘的印象。但是我发现庄园里的一些树上有很多粗大的枯树枝，我建议您把这些枯树枝砍掉，不要让它们影响庄园里美丽的风景。现在市场上所卖的那些斧子都是轻便型的，不太适合您，正好我有一把祖传的比较大的斧子，非常适合您使用，而我只收您15美金，希望它能够帮助您。"布什看到这封信以后，立刻让秘书给这位学生寄去15美金。于是，一次几乎不可能的推销实现了，这个空置了许多年的天才推销奖项终于有了得主。

为什么能推销成功？可能每个人给出的答案都不相同。那么，最正确的答案是什么呢？好处！假如这个天才推销奖的得主不是观察到了布什庄园里需要斧头，那么，可以确定的是交易失败。

要想成为一名优秀的推销员，你需要做的是从顾客的利益出发考虑——产品对于顾客而言是否有用，是否有什么好处。当你想清楚这一点，那么推销就不再是难事。

记住客户的名字，甚至他们亲人的姓名

乔·吉拉德说，你必须在与客户沟通的前5分钟，说出他的名字5次。假如你能够这样做，对方的信赖感会大大增加。当你喊出他的名字时，他也会觉得他自己非常棒。

　　这是什么原因呢？一个人最感觉亲切的，就是他自己的名字。当别人叫出自己名字的时候，不管他是谁，自己都会有一种特殊的感觉，感觉自己很重要，尤其是那些认识不够深的朋友，如果你能够记住他的名字，他会感到自己很受重视。

　　当然，作为一个顶尖推销员，光记住对方的名字还不够，最好将客户亲人的姓名也牢记下来。在偶尔见面时，能够问到"你女儿怎么样？""你儿子读书怎么样？"打招呼时，你若能喊出对方亲人的名字，多谈客户亲人的状况，你就能获得客户的好感。

　　称呼见过面人的名字的魔力在于，它能让你毫不费力就获得别人的好感。推销员在面对客户时，若能经常准确不断地以尊重的方式称呼客户的名字，客户对你的好感也将愈来愈热。

　　美国前总统克林顿还在念大学时，就习惯把见过的人都一一记下来。他把这些人的名字写在资料卡上，不时打电话或写信给他们。连他同这些人谈话的内容、他们的回信等等，他都详细地记录、保存好。后来在他竞选阿肯色州州长时，他已拥有超过一万张的资料卡档案，这些人后来统称为"比尔的朋友"。正是这些朋友，帮助克林顿一步步走向事业的巅峰。

　　专业的推销员会密切注意准客户的名字有没有被报章杂志报道。若是你能带着有报道准客户名字的剪报一同拜访你的准客户，客户能不被感动吗？能不对你心怀好感吗？

　　所以，如果你企望推销自己，你企望给客户以好感，就请记住客户的名字。如果你一见面就能像朋友似的称呼客户的名字，对方就不会纯粹把你当成一个推销员来接待，而会把你当成老朋友来招待，这对推销再好不过了。

　　如果你想获得对方的好感，如果你想迈向成功的巅峰，那么请记住你交往的每一个人的名字。这是乔·吉拉德的亲身体验。

找出客户心中的小樱桃树

曾经有一位房产销售员带着一对夫妻去看一幢房子。当这对夫妇进入这间房子的院子时，他们发现了房子的后院有一棵非常漂亮的樱桃树。用心的业务员注意到太太非常兴奋地对她的丈夫说："你看，这院里的那棵樱桃树真漂亮！"

当他们走进客厅时，他们显然对客厅陈旧的地板有些不太满意。这时，业务员就对他们说："是啊，这间客厅的地板的确是不太新，但你们知道吗？这栋房子最大的优点就是，当你们从这间客厅向窗外望去，可以看到那棵漂亮的樱桃树！"

他们走进厨房，太太又抱怨厨房的设备过于陈旧，业务员接着又说："是啊，但是当你在这里做晚餐的时候，你可以在这里看到那棵非常美丽的樱桃树！"

不论这对夫妇指出这栋房子哪有缺点，这个业务员都一直重复地说："是啊，这栋房子是算不上很完美，但您二位知道吗？这房子有一个优点是其他房子所没有的，那就是不论您从哪个房间里向外望，您都可以看到那棵特别美丽的樱桃树！"

当然，最后的结果是，这对夫妇花了50万元买下了那棵"樱桃树"。

在销售过程中，推销员所销售的每种产品以及所遇到的每一个客户，都有一棵"樱桃树"。推销员最重要的工作就是，在最短的时间内，找出"樱桃树"在哪儿，然后将客户注意力完全吸引在这棵"樱桃树"上。

"客户最关心的利益点在哪里？"是每位推销员关心的重点。找出了客户关心的利益点，你的推销工作就犹如拥有一定航线的船只，可以坚定而有动力地前行。

想想看，A、B两家银行的利率水准是一样的。你为什么把钱存在A银行而不存在B银行呢？为什么你喜欢到某家饭店吃饭，而这家饭店又不一定是最便宜、最卫生的？有些东西也许你事先也没想到要购买，但是一旦你决定购买时，总是有一些理由支持你去做这件事。

每当你接触一个新的客户时，你应该尽快地找出在那些最重要的购买诱因当中，这位客户最关心的利益点是什么。

依据二八法则，我们的产品所具有的优点有可能是10项，而真正能够打动客户的可能只有其中的1项或几项。所以我们必须花费80％以上的时间详细地解说这一项或几项优点，让客户完全地接受或相信。

每一位客户在购买产品时，都有一个最重要的购买诱因，同时也有一个最重要的抗拒点。只要能够找出这两点，你的成交率就会大幅度地提升了。

顶尖的业务员最主要的工作就是，找出客户购买此种产品的主要诱因，以及客户不购买这种产品最主要的抗拒点。

普通推销员和顶尖推销员的差别

有人拿推销员和医生作过比较。为什么人们生了病会很自然地去找医生，而人们有了某种需求却不会主动去找推销员呢？

很多推销员在见到客户时，还没等客户提出任何问题，就已经开始滔滔不绝地向客户解释他的产品如何好、有何功用以及产品的生产背景、价钱如何了。

推销的第二步骤是听取客户的反应、意见，比如说他们已经买了，或嫌价钱太高，等等。而此时，推销员又常常会迫不及待地说自己推销的产品性能如何与众不同、如何更先进，弄得客户有一种被黏上了，脱不开身的感觉。

推销的第三步骤是补充他所推销产品的实用性，价钱也比其他同类产品便宜，等等。

总之，推销员就是希望他的客户多少买一些他的产品。

这种给人压力、令人不舒服的推销方式，正是许多推销员的工作程序。

那么，医生又是怎样面对病人的呢？

第一步骤，病人来到门诊部，坐在医生面前，医生会问该病人觉得哪里不舒服，病人便向医生逐一道出什么地方不舒服。这时候，病人会主动说得很认真、仔细，把他的感觉都告诉医生。

第二步骤，医生会用诸如听诊器、压舌片、温度计、血压测量仪等医疗器具为病人做检查，或是请病人躺在床上做检查，如需要，还会请病人去验尿、验血、验肝功能，以便判断病人究竟得了什么病。这时候，病人都会十分听话地照医生的吩咐去做，一般不会提出异议，因为病人希望医生能准确地判断出病情，把他的病早点治好。

第三步骤，医生给病人开药方，病人就会依方取药，而且还会遵医嘱按时服药。

这就是医生的工作程序。

你看出来了吗？医生和推销员的区别究竟在哪儿？

医生的第一个程序是聆听，聆听病人讲解问题之所在；推销员则往往忽略了聆听这个环节，一见到客户就开始向他们推销自己的产品。

医生的第二个程序是检查、判断、分析病人的病症；而推销员在第二个程序才开始聆听客户的反映。这就少了分析、判断这一重要环节，很容易给人以一厢情愿、强力推销的感觉。

医生的第三个步骤是开药。确定了病人是什么病后，便对症下药。病人自然很配合，因为他希望医生能解决他的问题、治好他的病；推销员的第三个程序却是再次介绍他所推销的产品的好处，然后再做推销。

因此，要想成为一个专业的推销员，你首先得告诉自己："我是一个专业的推销员，应该具备一位医生的态度。"

如果你有医生的心态并运用医生的工作程序，那么，你就能成为一个超级推销员。

普通推销员只会卖给客户药，顶尖推销员却能为客户诊好疾病。

推销需要诚实，却非绝对诚实

诚实，是推销的最佳策略，而且是唯一策略，但绝对的诚实却是愚蠢的。推销容许谎言，这就是推销中的"善意谎言"原则，乔·吉拉德对此认识深刻。

乔·吉拉德说：

"诚实只是你在工作中用来追求最大利益的工具。因此，诚实有一个度的问题。"

他还说：

"推销过程中有时需要说实话，一是一，二是二。说实话往往对推销员有好处，尤其是推销员所说的，顾客事后可以查证的事。"

他举例说："任何一个头脑清醒的人都不会在卖给顾客一辆六

汽缸的车时，告诉对方他买的车有八个汽缸。顾客只要一掀开车盖，数数配电线，你就死定了。"

如果顾客和他的太太、儿子一起来看车，乔·吉拉德会对顾客说："你这个小孩真可爱。"这个小孩也可能是有史以来最难看的小孩，但是如果想要赚到钱，就绝对可以这么说。

乔·吉拉德善于把握诚实与奉承的关系。尽管顾客知道乔·吉拉德所说的不全是真话，但他们还是喜欢听人拍马屁。少许几句赞美，可以使气氛变得更愉快，没有敌意，推销也就更容易成交。

有时，乔·吉拉德甚至还撒一点小谎。

乔·吉拉德见到过有的推销员因为告诉了顾客实话，不肯撒个小谎，平白失去了生意。

顾客问推销员他的旧车可以折合多少钱，有的推销员粗鲁地说："这种破车。"

乔·吉拉德绝不会这样，他会撒个小谎，告诉顾客，一辆车能开上 12 万公里，他的驾驶技术的确高人一等。

这些话使顾客开心，能赢得顾客的好感。

展示说明的时间不宜超过推销拜访时间的一半

大多数推销员总是喜欢自己说个不停，希望自己主导谈话进程，而且还希望客户能够舒舒服服地坐在那里，被动地聆听，以了解自己的观点。但是，对于推销员来说，最重要的是，要尽可能有针对性地提问。有针对性地提问才是推销成功的最大诀窍。

推销员可以说："先生，在来这里之前，我已经拜读了贵公司的年度报告，这实在使我印象深刻。贵公司的推销收入增加的速度相当快——在过去的 5 年里，每年的平均增长速度高达 44％。依你之见，在未来的 5 年里，每年仍然能够保持这么高的平均增长速度吗？"

推销员提出这一类问题，客户至少需要花几分钟时间来加以说明，而推销员则可从中获得很多有利于推销的信息，客户也会因为被问到如此重要的问题而感到高兴。

推销员在推销过程中的每个阶段，都应该有针对性地提问。无论哪种形式的推销，为了实现其最终目标，在推销伊始，推销员都需要进行试探性的提问，以便使客户有积极参与推销或购买过程的机会。

当推销员提出一些与客户相关的问题后，就可以靠着椅背坐着，专心聆听，一点也用不着担心接下去该说什么。但是，如果客户一直说个不停，推销员可能也得想个办法来改变这个局面。不幸的是，许多推销员认为，在初次同客户见面的前 10 分钟，自己一定要说个不停，才能使客户进入状态。

提出恰当的问题是一种有助于推销员建立及保持与客户良好的人际关系的最佳方法。当客户初次见到推销员时，一般都希望先了解推销员的想法与意见，或者听一些关于推销员所在公司及其产品的详细情况。

为了使推销获得成功，推销员首先要为自己立一条规矩：除非推销展示会，否则展示说明的时间绝不能超过推销拜访的一半。

推销展示的目的是为了使客户直接参与产品推销过程。所以，推销员需要让客户说话，需要客户与自己合作，需要积极鼓励客户卓有成效地参与双方的对话，从而使自己与客户获得双赢。

关怀、尊敬你的客户

从长远来看，顾客与推销员之间的合作关系正是通过推销员每天所做的微不足道的点滴小事建立起来的。人们在成交之后总是希望对方不要忘了自己。你要与顾客保持经常性的通信联络——制定一项写信计划，就可以确保他们不会把你淡忘。

乔·吉拉德每个月都要给他所有的顾客每人寄出一封信。没有人知道信里面是什么内容，因为他用的信封的颜色和大小经常变化。他不会让这些信看起来像平常大家收到的那些邮寄来的广告宣传品一样，还未拆开就被扔进垃圾袋里。他会随信附上一张卡片，卡片的表面一律写上"我爱你。"在卡片的里面，他每月都要换新的内容，比如，一月是"乔·吉拉德祝您新年快乐！"，二月是"情人节快乐！"，三月是"圣巴特里克节快乐！"。如此这般，一直写到感恩节和圣诞节。

在每月的一号和十五号，乔·吉拉德从来不发出这封信，因为这两天正是大多数人需要缴纳各种日常费用的日子。他希望所有的顾客收到他的信时都能有一份好的心情。

一位男士下班回家后通常所做的第一件事，一般是亲吻一下他的妻子，然后就会问到两个问题：第一个问题是："今天孩子们怎么样？"；第二个问题就是："今天有我的信件吗？"。当拆开乔·吉拉德信件的那一刻，他的孩子们就会尖叫起来："爸爸，您又收到了一封乔·吉拉德先生寄来的信！"这样一来，一封来信让顾客全家人都参与了进来，他们就会非常喜欢这些卡片。

乔·吉拉德每年都会以非常愉快的方式，让自己的名字在客户家中出现 12 次。在他推销生涯的后期，他每月平均都要寄出 14 000 张卡片，也就是说每一年光卡片乔·吉拉德就要寄出

168 000张。他这样做，只想告诉他的顾客一句话——乔·吉拉德真的很喜欢他们。乔·吉拉德每年所有交易的65％均来自那些老主顾的再度合作，这些信件极大地保证了他的信誉和人脉。

没有人会因为自己收到一张节日的祝福卡就会立即跑去与你成交几千美元的生意。但是，这些细微的、用心周到的细节营销长期坚持下去，你的顾客就会被感动，你的生意就会有明显变化。

每个月给你所有的顾客每人寄出一封信，最好要手写，这更能表达你对客户的关怀和尊敬。你越是关怀、尊敬你的客户，他们就越有兴趣和你做生意。

维系一个老客户付出的代价小得多

维系一个老客户比得到一个新客户付出的代价小得多。可很多推销员却宁愿醉心于追逐那种"追到新客户的兴奋"，也不愿意在他们已有的客户群身上花费更多的时间。

你一定要维系好你现有的客户，更要扩大和他们的生意额。

要维系和发展任何关系都要付出相应的努力。你不可能依靠你的产品永远保持客户的忠诚度。如果想在竞争中立于不败之地，你就得向客户提供一些别人不能提供的东西——特色服务。

这里给你一些关于培养顾客忠诚度的建议：

将有私交关系的客户分出优先次序。把你最忠诚的十个客户的电话号码存入你电话的单键拨号功能内，以便你在空闲的时候问候一下。

时时刻刻惦记着你的客户。如果你看到在报纸、杂志上有他们非常感兴趣的东西，随时给他们邮寄过去。

运用你的客户管理框架板来跟踪客户采购的全过程。每隔三个月、六个月或十二个月（或任何其他周期）向他们寄封信，发布最新的产品开发信息，完成客户满意度调查。很多有意见的客户可能从来没向你提起过这些意见——但他们已经决定不再购买你的产品了。可是，如果你能征求一下他们的看法，他们就会很高兴地告诉你，在这种情况下，他们还会给你解决这些问题的机会。

抽出一些时间，给你的客户打电话，和他们沟通一下，"有什么我们该做而没有做好的吗？"或者每隔几个月给现在的客户寄去一张关于你的产品或服务的调查反馈表。这种调查表有两个作用：它给了你一个解决某些问题的机会；同时对于客户来说它又可以被当作一个销售工具。一个来自满意客户的调查表会打消一个目标客户的顾虑，使得目标客户完全相信你的服务和所提供的产品。

树立一个问题解决者的好名声。问题的出现对你来说不是歹运，相反却是个机会。美国办公室和消费者事务协会所做的一项研究表明：抱怨之后得到满意的响应的客户有 70% 最终都会成为该公司最忠实的客户。

了解你客户的业务范围，想尽办法帮助他们。你可以站在某个角度上为你的客户提些提高知名度或营销促销活动的建议。不论你帮助客户做了些什么，这些都会对你在今后的推销活动中有所帮助。

在任何有可能的方面帮助你的客户——不管和你的销售有没有关系。

给客户最好的服务

推销员销售的产品有时是大同小异的,唯一可以让客户将你与其他业务员区分开来的方法,就是与众不同的、更好的服务。

世界顶尖的推销员,他们的服务也是最好的。在每次完成销售后,他们会马上写一封亲笔信寄给新客户,恭贺他。他们还会寄给某些客户有用的杂志和报道,而且致函感谢那些提供推荐名单的人们,不管那些人最后是否购买产品。另外当重要客户有值得庆祝的事时他们还会随时保持联络,给客户朋友般的关怀,打电话问候,题词送匾予以祝贺。

想成为成功的推销员,你就必须努力为客户提供最佳的服务。

乔·吉拉德说:"销售游戏的名称就叫作服务。尽量给你的客户最好的服务,让他一想到和别人做生意就有罪恶感。"

乔·吉拉德每个月都要寄出 14 000 张卡片问候函,一年下来就是 16.8 万张。他花费在邮件上的费用比一般推销员要多出许多倍。他为什么这样做?因为他要告诉客户一件事:乔·吉拉德喜欢他们。这值得吗?一定值得,每年有 65 % 的老客户就因为问候函的缘故和他继续做生意。

事实上,不论你销售什么东西,当你真的想要服务你的客户时,他们会感觉到,而你也会因此克服客户拒绝购买你的产品的难题。

业绩好坏的差别,不在产品本身,而在于服务。一方面,如果你服务良好的话,在你从事销售工作 2 年以后,你的生意将有 80 % 来自现有客户;另一方面,无法提供良好服务的推销者,绝对无法建立稳固的客户群,也不会有良好的声誉。

接到订单只是个开始。在商业世界里,不做售后服务的人,永远没有生存的空间。良好的售后服务是销售的一部分,体会不到其重要性的人注定是要失败。

做销售就是在做服务。如果你想成功，请做好服务。所以现在赚不到钱只有两个原因：一是你服务的人数不够多；二是你服务的品质还不够好。

不要总是推销产品，而要思考如何给更多的人提供更好的服务。

服务就是急客户之所急，想客户之所想。服务客户通常要做到两点：第一，永远的售前服务；第二，服务要超出客户想象的水平。

推销开始于收回账款

乔·吉拉德认为，解决债务问题的关键在于对债务人的情况有全盘的了解。

以下是他成功收账的几个技巧：

（1）要与客户约好收款及付款的时间。"定期造访"是经营者顺利回收货款的基本功夫。经营者与客户约定收款的时间时，要推己及人。卖主安排收款时间时，要选择顾客与自己双方都觉得方便和适当的时间。如果一味顺着客户的时间拜访，容易让客户产生"随波逐流"的不良印象。但也不能强求客户配合自己的时间而得罪客户。

（2）收款前应将账目事先确认。卖方可在约定的收款时间以前，先行编制客户的"账目清单明细表"，表内详细地逐笔记载订货日期、数量、单价、总金额、统一发票号码等项目，邮寄给客户，供其核对付款之用。客户收到"账目清单明细表"，就可先行做核对工作。若内容所载正确无误，客户就可根据双方约定的付款期限，预先签发票据或准备现金，等卖方准时来收款时，双方就能在极短的时间内完成交款收款的工作。这样，能节省双方当面会账的时间。

（3）收款时"先收后卖"。许多高明的卖主，常利用一次拜访客户的机会"一鱼两吃"——推销和收款同时展开。其优点是可节省专程收款的拜访时间，其缺点是脚踏两条船，经常出现两头落空的结果。因此，要实施"一鱼两吃"的策略，必须坚持"先收后卖"的原则，先与客户结清积久的款项，再进一步探求顾客的需要，这样才能顺利地进行货物推销。

（4）碰到客户抱怨结款困难时，实行化整为零的收款方式。卖方偶尔碰到一些经济情况较差的客户，这些客户会大念"赔钱经"，并且不想确定付款日期，含糊其辞。面对这种情况，卖方可根据客户的经济情况考虑让客户分期付款，但必须向客户明确每期应付的金额及付款日期。这种"化整为零"的付款方式，由于在契约中明确指出了客户每期付款的金额和日期，并请客户在契约上签了字，在无形中增加了客户的压力，对拖欠的货款收回是较为有效的方法。

（5）对爱打折扣型的客户先礼后兵。对付这类的客户，收款时要以和蔼的语气、坚决的态度向其解说按契约条件付款的长期利益。如果客户要求折扣的金额不多，且客户以往付款信用良好，不妨适当迁就一些。如果客户信用不佳，且经常短付，最好不要接受客户折让的要求，以建立"买卖算清"的收款形象。对于这类客户，绝对不可姑息养奸，以防给今后的收款增加更多麻烦。

（6）尽量避免争辩收款。当客户无理地争论付款票期，不合行情时，收款的卖方一定要保持冷静态度，避免和客户直接争辩，设法和其以"心平气和"的方式"讨论"解决之道，千万不能以"辩"制"辩"。否则，纵然赢了争辩，收款的良机也会失去。

到死也忘不了我，因为你是我的

每个人的生活都会有问题，但乔·吉拉德认为，问题是上帝赐予的礼物，每次把出现的问题解决后，自己就会变得比以前更强大。

35 岁前的乔·吉拉德是个全盘的失败者。他患有相当严重的口吃，换过 40 个工作仍一事无成。1963 年，35 岁的乔·吉拉德从事的建筑生意失败，身负巨额债务，几乎走投无路。他说，去卖汽车，是为了养家糊口。第一天他就卖了一辆车。掸掉身上的尘土，他咬牙切齿地说："我一定会东山再起。"他对自己的付出从来没有满意过。

乔·吉拉德做汽车推销员时，许多人排长队也要见到他，买他的车。吉尼斯世界纪录大全查实他的销售纪录时说："最好别让我们发现你的车是卖给出租汽车公司的，最好确实是一辆一辆卖出去的。"

他们试着随便打电话给人，问他们是谁把车卖给他们，几乎所有人的答案都是"乔"。令人惊异的是，他们脱口而出，就像乔是他们相熟的好友。

"我打赌，如果你从我手中买车，你就会到死也忘不了我，因为你是我的！"

尽管乔·吉拉德一再强调"没有秘密"，但他还是把他卖车的诀窍抖了出来。他把所有客户档案都进行系统地储存。他每月要发出 1.4 万张卡，并且，无论买他的车与否，只要有过接触，他都会让人们知道乔·吉拉德记得他们。

他认为这些卡与垃圾邮件不同，它们充满了爱，而他自己每天都在发出爱的信息。他创造的这套客户服务系统，被世界 500 强中许多公司采用。

吉尼斯世界纪录大全经过专门的审计公司审计，确定乔·吉拉德是一辆一辆把车卖出去的。

"他们对结果很满意,正式定义我为全世界最伟大的推销员。这是件值得骄傲的事,因为我是靠实实在在的业绩取得这一荣誉的。"

关注有超级影响力的客户,而不是所有的客户

你应该关注的是有超级影响力的客户,而不是所有的客户。

在这个世界上,追随者总是要比带头的多得多。因此,有些顾客只有在知道有名望的人已经买过之后,他们才肯出钱购买。那么,你如何知道应该在什么时候抬出名人以提高自己的身价呢?

其实,最明显的信号就是顾客提这种问题,如"在我之前,还有什么人买过你的产品?"

另外一个微妙无声而又明显的信号就是你能够观察到的地位象征。例如,一位女士穿的衬衣上带着标有设计师姓名的商标,或者是一只名牌手表、一副名牌太阳镜、一个名牌手提包等等,这些都意味着顾客愿意多花好几十元购买与之相同的品牌。男士也一样,他们的衬衣、夹克、皮带和领带上可能带有小鳄鱼图案或足球明星形象。他们通过买劳力士手表一类的昂贵物品,来显示自己的社会地位。

百事可乐公司经常运用此道。百事可乐公司常请世界级明星做形象代言人,这样可以让所有代言人的影迷歌迷都消费百事可乐。

2001 年 APEC 会议在中国上海举行,各国首脑齐聚上海。在合影时,各国首脑均穿一身具有中国古典风格的唐装,吸引了全世界人民的视线。会后,全世界华人地区,尤其在中国,唐装顿时成为

一种时尚。

在顾客的家中和办公室里，你同样可以发现很多这样的地位象征品，从中你可以看出顾客是如何受到别人的影响的。有些销售人员出于提高身价的目的，常常记着一长串顾客的名字，而另一些人却做得更进一步，他们会拿出那些满意的顾客亲笔写下的认可、表扬信大大炫耀一番。

这一类信件，尤其是对你的公司和优质服务大加赞赏的信件，常常能收到很好的促销效果。但是，有时候你得去请求顾客才能获得这些信，因为有的顾客虽然感到满意，对你评价也很高，但很少会主动写出来。

顾客的推脱态度之所以出现，是因为他们担心做出错误的决定。他们的逻辑思维是："他们都是些聪明和敏锐并且有影响力的人，要是他们都买了的话，我相信一定物有所值。"在恰当的时机提到那些与目前的顾客属于同一领域，却又出类拔萃的人，同样能显示出你是一名合格的销售员——尤其是当你遭到冷遇，顾客对你和你的公司缺乏了解的时候，这种成交方法十分有效。

真心诚意的恭敬语言才有情感，有情感才有力量

推销员要常使用恭维敬语，以建立自己的礼仪形象，完成良性互动的人际关系。

要以不卑不亢、与人为友的态度对待顾客。先营造友好礼貌的情绪气氛，再以充满自信的态度，使用肯定的话语来赞美你的客户，

大声告诉他，此商品服务会给他带来很多好运及乐趣。

好的仪态也是恭敬的表现及延伸，微笑是表达恭敬的一项强有力的手段，是世界共通的语言。适时微笑，笑口常开会给自己及客户带来好运。笑得要自然，微笑可使人心情舒畅，放松压力，使情绪和缓、易建立友好气氛。当人心情愉快时，一切都容易交谈；对客户的弱点、缺点要采取三不主义，即不看、不听、不批评；对竞争者也不要诽谤；对自己也不过度吹嘘。

唯有赞美他人才能表现出自己的高贵。

第一印象常会形成呆板的形象，推销员常犯的错误是"恭而不亲"，因此要研究诚恳而亲切的艺术。

多数准顾客在推销员接近时，都本能地竖起防卫的盾牌，在双方之间形成一种紧张的状态。如果能够投对方所好，改变你的行为，让对方一见面就产生"一见如故"的感觉，准顾客就会卸除防卫盾牌，张开双臂欢迎你。这时双方的紧张状态减弱，信任与合作关系就会加强，推销在突然之间就会变得如探囊取物般容易了。

真心诚意的恭敬语言才有情感，有情感才有力量。没有情感是不会成为一流推销员的。牢记客户姓名，并称赞其姓名的特殊优点……

初次见面一定要尊重客户的隐私权，不要有意无意地注视客户的私人用品，如皮包；不要因为和客户已熟识，而过分表示亲切；可以稳重或放松自己，但不忽视小细节。人人心中皆渴望受到重视，推销员应主动为客户着想，无论客户背景如何，皆一律予以尊重、重视。

第一印象在第一时间形成，没有机会从头再来。所以你要把握以下重点，让他人对你有好感，想进一步认识你：

（1）亲切地招呼对方。

（2）笑容要开朗愉悦。

（3）让对方从你的第一句话，体会到你的真诚。

（4）稳稳地握住对方的手。

吸引住顾客的感官，掌握住顾客的感情

每一种产品都有自己的味道。

乔·吉拉德特别善于推销产品的味道。

与"请勿触摸"的做法不同，乔·吉拉德在和顾客接触时总是想方设法让顾客先"闻一闻"新车的味道。

他让顾客坐进驾驶室，握住方向盘，自己触摸、操作一番。

如果顾客住在附近，乔·吉拉德还会建议他把车开回家，让他在自己的太太、孩子和领导面前炫耀一番。

顾客会很快被新车的"味道"吸引。

根据乔·吉拉德本人的经验，凡是坐进驾驶室把车开上一段距离的顾客，没有不买他的车的。即使当即不买，不久后也会来买。新车的"味道"已深深地烙在他们的脑海中，使他们难以忘怀。

乔·吉拉德认为，人们都喜欢自己来尝试、接触、操作，人们都有好奇心。

不论你推销的是什么，都要想方设法展示你的商品，而且要记住：让顾客亲自参与。如果你能吸引住顾客的感官，你就能掌握住顾客的感情了。

没有不被拒绝的尖兵，只有不畏拒绝的冠军

刚开始做销售是一件很辛苦的事情。你对行业不熟悉，对顾客消费习惯不了解，所有的一切都需要从零开始。有时候你一天要和十几个甚至几十个潜在顾客交谈，还要忍受对方的抱怨和粗暴的拒绝，然而一个月下来你的收入却没有丝毫的增加。

很多想从事销售工作的人都因为不能忍受开始时的辛苦而转向别的行业。失败后，随之而来的就是抱怨，有的销售员抱怨公司的制度不好，有的抱怨公司的产品不好，还有的抱怨公司没有自己固定的客户群……

要知道，你才是销售员。

世界上没有永远的拒绝，也没有最好的产品。什么样的顾客需要什么样的产品。不要以为你的产品和对手的产品在功能上无法相提并论，无论是产品的价格和适应性、你的服务还是你自己，都能够为顾客找到合适而且合算的理由。

乔·吉拉德说："销售失败是没有任何借口的，可能有些人会觉得自己不适合做销售，自己天生就不是一块做销售员的料，也有些人总是挑剔公司的产品、产品的定价，其实这些都不是你失败的借口，你失败的唯一原因是你还不够认真，还不够努力"。

被拒绝意味着什么？

为什么会被拒绝？

有些销售员会说"被拒绝意味着失败，意味着没有奖金、没有提成，意味着产品的质量差、定价高"，而有些销售员会说"这是我个人的问题，是我不够细心，是我不够耐心，有的时候提不起勇气，"是由于我没有合理科学的销售观念造成的，有时候自己没有控制好情绪，有时候服务态度有问题。

弄清楚拒绝对自己究竟意味着什么，就像弄清楚是什么理论在支持你的工作一样重要。

没有带来打击的东西，只有受到打击的人。

你已经接受了很多销售活动的训练，具备了促进销售的能力，而且你在不断学习新的技巧，不断掌握更多的产品知识、服务和销售理念。这些都可以使你为消费者提供更好的服务。然而，你还是会有失败的时候。

被拒绝是不能避免的。所以，在你还没有离开销售这个行业的时候，一定要告诉自己：

没有不被拒绝的销售尖兵，只有不畏拒绝的销售冠军。

销售其实是一种创意式的苦力活，你甚至不能有丝毫的停顿。你不仅需要马不停蹄地面对许许多多的消费者，还需要有充分的准备去面对一次次的拒绝。所以，如果你在内心深处无法迸发出狂热的激情，那么你就无法在消费者面前表现你的自信。

第三篇
每天进步一点点
——最伟大推销员快速成长自我修炼术

练就吃苦耐劳的性格

　　能够吃苦耐劳的销售员非常容易引起客户的喜爱。客户非常希望不管在什么时候、什么地点，销售员都能够随叫随到，因此，不管是刮风下雨还是天灾人祸，销售员都要尽力去完成任务。再次，很多客户不认可刚从学校毕业的新手，很大一部分原因是怀疑业务新手不能吃苦。业务新手如果没有吃苦的精神，是不可能获得客户认可的。唯一的方法就是比别人拜访客户的时间更长，比别人拜访的客户更多，比别人拜访客户的频率更高。只有这样，个人的销售能力才能提升，才有可能得到客户的认可。

　　王刚从武汉工业大学毕业，就做销售这一行。经过半个月的培训后，被分配到孙经理所负责的大区做区域销售员。小王给人的第一印象是很自信、有激情、能吃苦。开始孙经理让小王跟着他的车跑，顺便给他讲一些做人的基本道理、产品知识、市场运作的程序与方法、沟通技巧等一些销售基本常识。后来，孙经理将他安排在一个刚开发不久的新客户赵老板那里，专门帮助赵老板开拓市场。小王刚到赵老板那里，他感觉到赵老板根本没有把他作为厂家的业务代表来看待，从不与他商量和沟通生意上的事情，更不用说带他一起跑市场，在赵老板的眼里，他只是个什么都不懂的刚毕业的学生。但小王潜意识里产生了一种不服输的念头：一定要征服赵老板，改变赵老板对自己的看法。于是他每天早出晚归，借赵老板摩托车，走访一家又一家的零售店，向他们推介公司的产品，一家不成功再到另一家，功夫不负有心人，第一天就有 5 家零售店要求送货，第二天有 10 家。

随着小王开发的零售店越来越多，赵老板终于被小王的吃苦精神和市场开拓能力征服了。从那以后，赵老板亲自开车，带着小王一起跑市场。赵老板的生意越做越大，成了公司最大的客户之一，小王也成了赵老板经营业务不可缺少的人物。

很多业务新手刚刚派到市场上去的时候，可能都会受到赵老板对待小王刚去时的那种待遇——不认可、瞧不起甚至排斥。如果业务新手得不到客户的认可与信任，就算业务新手能力再强，想法再好，都很难得以发挥，更不可能创造良好的销售业绩。业务新手只有获得客户的认可和信任，在客户的充分支持下，才有机会去展示自己的才华，才有可能创造良好的销售业绩，才有可能体现自己的价值。

学会忍耐的智谋

一个人要想在销售中取得大的成就，忍耐是必修课，它是对销售员的考验，也是销售员获得销售业绩的阶梯。人在职场行走，难免会碰到一些脾气古怪、猜忌心重的上司，对下属只记过，不记功，抑或动不动就以扣工资、炒鱿鱼相威胁。面对这种类型的上司，销售员若还想继续开展工作，发展事业，使自己有所作为的话，只有一个字：忍。

周林的经历就是一个忍的典型事例。

周林成为销售区域主管的第二年，公司给他所在部门委派了一名新主任。新主任是老销售出身，没有多少文化，对所管辖的部属，谁工作认真、昼夜加班、出了成绩，他看在眼里，忘在脑后；谁迟到早退、不请假或者没有给他及时送材料，他却牢牢记在心上，时不时地给销售员点颜色瞧瞧，尤其是对销售部的工作总是挑毛病、找破绽，好像怎么看怎么不顺眼。

面对蛮不讲理的新主任，周林既没有当面顶撞，也没有逢迎巴结。他经常和本部门的人员开会，定出工作程序，交给主任过目后，再切实执行，并做好系统记录，以便主任翻阅。

这样认真周到地安排工作，既减少了他和新主任的摩擦，也减轻了自己的负担。

有几次，周林被主任严厉批评，但他忍住没有发火，也没有把这种情绪带到工作中去；相反，周林每受到委屈，必当机立断，检查自己的工作、处事是否有错误，并且有错必改，或是重新评价自己，进一步做好本职工作。

精明的周林为了自己的前途，时时小心，处处小心，步步小心，每一件事、每一句话都对主任格外尊重，尊重主任的意见，听从主任的指导，多向主任请教，多多体谅主任的难处。

这样一年下来，主任对周林褒奖有加，再也不像以前那样恶声恶气了，又过了半年，周林就被提升了。

人们常说："忍字头上一把刀。"忍，难能可贵。面对千变万化的世态人情，如果不依靠一个"忍"字支持，会有多少人坠入困厄之境。因此，在销售中，为了能顺利开展工作，早一步走到成功的面前，就必须学会忍，忍是一种策略、一种智谋，忍一步海阔天空。

永远充满自信

成绩不佳的销售员共同的缺点是缺乏自信和魄力。没有自信，就没有魄力；没有魄力，则生意冷清；生意做不成，则更加不自信。日子就在这种恶性循环中一天一天地度过。想成为销售大师的销售员们，必须鼓起自信的勇气。因为客户绝不会向没有自信的销售员购买任何东西，这样的销售员令人讨厌，会使客户觉得是在浪费自己的宝贵时间。

一家大杂志的广告经理说："销售是一种你不会在朋友面前那样表现的行动。"当你销售一项产品的时候，你要对方买下来，你要对方把你看成一个诚实、真挚的人。常常，当你说到"销售员"的时候，你跟他们之间就出现一道无形的鸿沟。你必须使别人相信，你有一种特殊的东西，是他所需要的。

要记住，信心是很重要的因素。在销售奢侈物品——艺术品、貂皮、珠宝上，信心所占的比例更是其他方面所不能比的。具有三十多年销售经验的珠宝商古斯洛说："不论对方所付的是一元钱或十万元钱，他要的都是确实有那个价值的东西。珠宝商必须信用可靠，所卖的东西必须货真价实。现在尤其如此，我们的客户最主要考虑的因素是价格。在过去，购买珠宝是一种比较浪漫的举止，但你必须使对方相信，你告诉他们的是实话。"

因此，秘诀就是：自我警觉，说话流利，适当地友善，每一根毛发都要各就各位，但这些还不够。你必须要认清这个事实，那就是：有时候你要以这种方式跟男客户打交道，而同女客户打交道又是另一种方式，但过分不同也不行，许多有经验的销售员，仍然使用因性别而不同的方式。"对付女客户，必须较为拐弯抹角，"古斯洛说，"我通常总是夸奖她们一番。但我只以事实夸奖她们。每一个女人，都知道她们早上起来是什么模样，因此如果我的说法与此不同，她们就知道我在胡扯。对付男客户，最好的方式是直截了当，这通常表示讨价还价。他们会接受这种方式，因为他们比较习惯于这种做生意的方法。"

为此，销售员应该切记：对你的前途充满自信，满腔热情地从事销售工作，克服恐惧心理，不怕遭拒绝。

始终勤勉向上

成为一位杰出的销售员，首要条件便是"自律"。我们去检讨一般销售员的日常生活，便会发觉他们的苦恼不在于过多的工作压力和挑战，而是太自由的工作，过分的自由滋生了糜烂和腐化的生活。

销售员每天早晨也要到公司报到，开会和研究市场业务的情况。大概在十时左右，例会便完毕了。于是，他们各奔东西，因为他们的任务是跑到外面找客户。可惜，普通的销售员都不能达到公司的期望和要求。

公司内部的销售员通常可分为四类。其中经验好的销售员分为两类：第一类人属于杰出的人才，他们经验丰富，勤勉向上而有极高的自律精神。开会之后，明白了公司新产品的优质条件和市场走势，便赶快将新的东西告诉客户，洽谈新的生意。于是，例会之后便开始繁忙的一天，他们对自己要求极高，往往不满意自己的成绩。第二类人也是老练的，但由于性格关系，他们永远没有过高的成就。他们的生意普通，但和客户的关系相当好，往往不用到处找新生意，通常一两个电话便把整周的生意额填满了，满足了公司的要求之后，便不肯再努力了。

除了经验好的销售员之外，便是一些初入行的同事，他们又可分为两类：第一类是没有经验但勇于学习和努力工作的人，明知困难，仍然出外找生意。虽然整天外出见人，也没有什么结果，但他们明白成功是要付出代价的。所以，他们甘于接受失败的打击，点点滴滴地从失败之中建立人际关系，希望有朝一日成为一位杰出的销售员。例会之后，他们便勇敢地到外面找生意。第二类人属于销售行业的过客，就算有机会成功，他们也不过是普通人。他们的意志较薄弱，他们恐惧失败，害怕陌生人，往往不愿意也不敢到处去碰。例会之后，便努力去找些不工作的借口，如果当日碰到一些同事因刚刚完成了一桩大买卖而准备庆祝休息一番，他们便一拍即合。不工作的借口更是堂而皇之了，"为了和老手学习，一定要搞好关系"，于是乎，借应酬为名而偷懒。

勤勉向上的人，明知客观的经济条件恶劣，也要外出找生意，往往会在偶然之间，碰到新客户。他们的幸运是由无数汗水和口水聚成的。工作了一整天找不到生意的人，在失败的时候，多是垂头丧气而很少埋怨别人，他们知道自己不足的地方，沉思解决的方法。

怎样才可成为一位杰出的销售员呢？首要的条件便是自律，不要被千奇百怪的东西所吸引。什么是自律呢？简单得很，去做一些自己认为是应该做的事，例如，拜访客户、找陌生人，洽谈生意，切勿因为自己的喜恶偏好而改变目标，去做一些不应该做的事，比如打麻将等娱乐活动。要成为一个成功的销售员，要不求侥幸，同时要具备以下三个条件：

第一，如果你能够勤勉工作，成功机会可以达到50％；

第二，如果你没有不良嗜好，便增加了30％，即掌握了八成的成功机会；

第三，如果你肯学和有学问的话，又多了5％；剩下的5％，要靠你的幸运了。

维持良好的健康状态

业务员必须维持良好的健康状态，因为健康直接影响业务员的外表、态度和谈吐。健康的人比较热诚；健康的人有敏锐的观察力和缜密的分析力，而这两项都是成功的推销员必备的能力。健康的人不耽误工作，因为不必因病而请假。

健康对业务员既然如此重要，那么究竟如何维持健康的身体呢？下面介绍五种方法。

1. 内心要有希望健康的念头

医学上曾经证明，有些生理的疾病常常是由心理因素引起的。

人们很容易受内心暗示的影响。比如，内心老是担心某一问题，身体便会不舒服；碰到难办的事，就会感到头痛；碰到伤心的事，就会引起胃痛。如果多想一些得意的事情，就会觉得很舒服，身体自然也会健康起来。

2. 经常放松自己

业务员的生活既忙碌又紧张，假如不养成放松自己的习惯，就会像绷紧的橡皮筋一样，迟早会被拉断。

放松自己应养成微笑的习惯。微笑不但是表示友善的最佳方法，也是放松自己的好方法。因为，你先对别人笑，别人一定也以笑回报你，然后，彼此的感情沟通就会轻松、愉快而且和谐。

避免用紧张的话语也可以放松自己。诸如"你错了""你连这么简单的知识都不知道""你简直是胡说八道"等话语绝对不能用。

3. 顶撞的话会使人血压上升，紧张恼怒，从而损害身体健康

每天至少利用三十分钟的时间使自己完全进入松弛的状态。找一个安静的地方，换上宽松的衣裤，闭目入静，把自己的全身——头、颈、肩、手、背、脚、五脏等全部放松。

4. 每天坚持运动

生命在于运动。缺少运动是现代人的通病。人类为何被称为高等动物，而不是"高等静物"呢？因为，人类天生就必须"动"。所以，不运动是错误的，也是有碍健康的。

对业务员来说，运动的方法可以多种多样，例如，做广播体操、打太极拳、练气功、打乒乓球，还有疾走与慢跑，甚至以爬楼梯代替坐电梯，都是简便而有效的运动方式。

5. 吃七分饱

现代人的通病，除了欠缺运动外，就是吃得太饱了。

医生们一再告诫我们，不要吃得太饱。因为，那除了把我们的肚皮撑大有碍观瞻之外，还会影响健康。根据医生的研究和人们的经验，请记住：早晨要吃好，中午要吃饱，晚上要吃少，即只吃七分饱。

6. 要有充分的睡眠

睡眠是恢复精力的最好办法。

业务员常有应酬，实际上，要完全推掉应酬可能不太容易，可是，千万不可因应酬而牺牲了睡眠时间，甚至熬夜，那一定会把身体搞坏的。

培养坚韧不拔的品质

在这个世界上，没有任何事物能够取代毅力。狼选择了坚韧，朝着自己锁定的目标，奋勇直前，永不放弃，因为它知道它的生命每天都在接受类似的考验，如果它坚韧不拔，勇往直前，迎接挑战，那么它一定会成功。

一个人开始认为自己有所作为，只不过是个起步而已。成功是需要几个月、几年甚至几十年的不懈努力而达到的。雷路克就是一个典型的例子。他永远不放弃自己的梦想。而他，实际上一直到52岁才走上成功的道路。

雷路克在20年代初开始出售纸杯，肩负起了养家的责任。他在杜莉普纸杯公司服务了17年之久，并成为该公司最好的销售员之一。

后来，他听说约翰·道格拉斯兄弟利用他的8架机器同时推出40种牛奶雪泡，于是放弃了这个安定的工作，独自前往圣伯纳迪诺调查。他发现道格拉斯兄弟有一条很好的生产线，能够生产出高质量的汉堡包、炸薯条以及牛奶雪泡。他认为，像这样的好设备局限在一个小地方，未免太可惜了。于是自己便经营起牛奶雪泡机器的业务。

雷路克虽然一直只是个销售员，而且一直到他52岁时才从事梦寐以求的新事业，但他却在22年之内把他所在的公司扩展成为一个拥有几十亿美元的庞大企业。

毅力并不是指永远坚持做同一件事，它的真正意思是销售员对目前正在从事的工作，要集中精神，全力以赴，不仅要对工作感到满意，还要渴求更多的知识与进步。

天道酬勤、坚忍不拔就是最终成功的保障。俗话说，非坚韧不拔者，难得有大成功。

形成良好的性格习惯

"性格"问题是销售工作的大问题之一。销售员与客户之间似乎经常会格格不入。很多困扰及难题的产生均起因于人与人之间不能和谐相处，由于彼此个性的冲突，造成了多少家庭的破碎、友谊的决裂。但是作为一名销售员，应该自己主动去改变一些不良的个性，选择做一个受欢迎的人。

富兰克林有一天突然警觉到他经常失去朋友，他此时才注意到原因在于他太爱争强好胜，所以始终跟别人处不好。有一天，大概是过年前几天，当年度计划大致定好后，他坐下来列了一张清单，把自己个性上所表现的一些缺点全部列在上面，并且，从最致命的大缺点开始到不足挂齿的小毛病为止，重新依次排列了一次。他下了极大的决心要一一改掉，这些缺点每当他彻底改掉一个毛病，就在单子上把那一条划去，直到全部删完为止。结果，他变成了美国最得人心的人物之一，受到大家的尊敬和爱戴。当殖民地13个州需要法国的援助时，他们派富兰克林去，法国人对他的印象奇佳，他果然也不负使命。时下所看到的有关"个性塑造"的著作中，几乎都会引述富兰克林的例子，且被公认为是个性自我改造最成功的例子之一。

反过来说，假如富兰克林的选择是依旧我行我素，不对自己的个性加以检讨；假如他也像其他许许多多的人一样，放任自己的个性；假如他仍然不改争强好胜的毛病，那么，他绝不可能成功地争取到法国的援助，而整个美国历史也将被改写。一个人的性格居然也能影响一个国家的命运。可是，还有很多人到处在说："我能怎么办？"其实，你怎么知道你办不到？你怎么知道即使经过数年的努力你仍不会有所获？林肯讲过："我要准备好自己以待时机来临。"他果然等到了那一天。他深信耕耘一定会有收获。

作为销售员，要尽量让你的客户感到愉快、舒服，为你的下一步销售铲掉一个障碍。

以平和的心态面对误解

一些有经验的老销售员经常说："没有好脾气就干不了推销。"这种说法倒不难理解，销售员每天要面对不同的客户，可能会遇到各种情况：被人拒绝，被人指责，甚至被人奚落。如果没有一个好脾气，恐怕就很难适应推销的工作，更别说打动客户，达成交易了。

其实，"好脾气"就是指与客户商谈时能够适当地控制自己的情绪，不急不躁，自始至终以一种平和的语气与客户交谈，即使遭受客户的羞辱也不以激烈的言辞予以还击，反而能报之以微笑。这样一来，客户往往会被销售员的这种态度打动，因此好脾气的销售员才能创造出更好的业绩。而有些销售员往往不能控制好自己的脾气，得罪了客户，生意自然也就做不成了。

销售新人应该明白，做销售工作，被拒绝如家常便饭，因此，作为销售员不应乱发脾气，而应时刻保持一颗冷静的心。有些销售员在愤怒情绪的支配下，往往失去理智，以尖酸刻薄的言辞予以还击，使客户的尊严受到伤害。这样虽然能使心中的怨气得以发泄，但到头来吃亏的还是自己，因为这笔交易肯定谈不成了。因此，销售员一定要学会控制自己的情绪。一旦感到精力难以集中，不能清晰地思考问题时；心情不悦、烦躁不安时；被推销工作压力压得透不过气时；想从一项推销任务中得到解脱进入另一项推销任务时；为了见一位新客户而做了大量的工作，但却一直得不到他的订单时，销售员就要学会调节情绪，因为乱发脾气是没有用的，销售员要做的就是让自己时刻保持一颗冷静的心。

如何消除愤怒情绪、不乱发脾气？一位资深的销售员的做法值得销售员学习和借鉴。这位销售员在刚刚入行的时候，总是不能摆正心态、踏踏实实地工作。他想早日出人头地，但现实与理想之间的差距太大了，要挨领导的骂，要受客户的气。而他的脾气本来就不太好，于是他准备辞职，然后找一份适合自己的工作。

在写辞职信之前，他为了发泄心中的怒气，就在纸上写下了对公司每个领导的意见，然后拿给他的朋友看。

然而，朋友并没有站在他的立场上和他一同抨击那些领导的一些错误做法，而是让他把公司领导的一些优点写下来，以此改变对领导的看法。同时，还让他把那些成功销售员的优点写在本子上，让他以此为目标，奋力拼搏。

在朋友的开导下，他心中的怒火渐渐平息了，并最终决定继续留在公司里，还发誓努力学习别人的长处来弥补自己的不足，做出点成绩让自己和他人看看。

从此，这位销售员学会了一种发泄怒气的方法，凡是忍不住的时候，他就把心中的愤恨写下来，读一读，这样心中就平静多了。

无论是顶尖销售员也好，还是销售新人也罢，谁都会有发怒的时候，但是，少发怒和不随便发怒却是能做到的。要想练就好脾气，不随便发怒，必须标本兼治。治本方面，是加强个人修养，包括提高文化素养和道德情操，拓宽心理容量，不为一点小事斤斤计较。在治标方面，销售新人们不妨试试以下方法：

方法一：在自己的办公桌上放一张写有"勿怒"二字的座右铭或艺术品，时刻提醒自己不要随便发怒。

方法二：当有人发怒时，仔细观察他发怒的丑态，剖析他因发怒造成的不良后果，以此作为反面教材，警示自己。

方法三：一旦遇到惹自己动怒的事情，强迫自己想别的愉快的事情，转身去做一件令人愉快的事情。

方法四：万一走不开，又怒火中烧时，强迫自己不要马上开口，或者数数，数到十再开口，以缓和情绪，浇灭怒火。

方法五：不但要学会自己控制情绪，还要学会接受别人的劝告，将自控和助控结合起来。坏脾气是销售工作的天敌，销售员一定要在工作与生活中慢慢磨炼自己，因为只有拥有了好脾气，才能拥有好业绩。

训练自己的竞争力

现代社会竞争激烈，要想在竞争中立于不败之地，就要在以下六个方面训练自己。

1. 在工作中磨炼自己

"不进步，就退步"。一个人各方面能力的磨炼都可以作如是观。商人在工作上所受到的磨炼往往是多方面的，所以他们常识的丰富，远非一般从事专门工作者可比。如今一般毕业生，多半投入商业，虽然用非所学，他们却能在工作中得到磨炼。

2. 适时抓住机会

经营商业，在一百年以前，被认为是不高尚的事，但时至今日，随着世界文明的进步，各国的商业都已呈突飞猛进之势，其地位尤为重要，已占全部行业的第一把交椅。

要从事商业，一个知识广博、经验丰富的人远比那些庸庸碌碌的人容易获得机会。当然，在经营事业之前，准备得越充足越好，经验积蓄得越多越好。一个初入社会的青年，当他的地位逐渐提高时，他一定有不少机会，可以从各方面学得一件事情的精髓。如果他能抓住这些宝贵的机会，他迟早会获得成功。有位商业界的先辈说："我的职员没有一个不是从最基层依次升迁的。俗语说，'有益于职务，就是有益于自己'。任何青年，如能在开始服务时就记住这句话，他的前途一定希望无穷。凡经我们考试及格而任用的青年，只要自己肯上进，都不难逐步获得良好位置。"

3. 不能浅尝辄止

一个熟悉商情、经验丰富的青年，在商业界里，无处不可立足。那些企业家随时都在向各处访求勤勉刻苦、敏捷伶俐、意志坚强的青年。因为这种人，一旦到手，必千方百计地求得完美，求得发展，求得成功。

一个初出茅庐的年轻人，对于商业情形，必须随时体察，处处注意，必须研究得十分透彻才好，千万不可心浮气躁、学得一知半解就罢手。须知虽小至微尘，也应仔细观察；虽千辛万苦，也应努力经营，这样一来，一切中途的障碍，无不可以一扫而尽。

4. 要有不畏艰险的勇气

我们随处可以看见许多青年人做起事来，都喜欢避繁就简，对于其中麻烦、困难、乏味的部分，随意趋避，不愿接触，好像那些打算占领敌人阵地的士兵，却不愿麻烦手脚去破坏敌人的炮台，结果，必然被敌人轰得东躲西窜、无处安身。所以一个希望成功获胜的人，必须不分巨细，决心征服，不畏艰险，勇往直前去做才行。

这里有一句很好的格言，可以写在无数可怜的失败者的墓碑上："只因没有好好地准备，所以糊里糊涂地失败。"有些人，虽然很努力，但因事先没有准备妥当，因此，不得不兜大圈子，以致一生都走不到目的地，达不到成功的境界。

5. 做事要用心

有不少人，对于眼前的事物，往往不知不觉。有人即使在一家商店里已经服务多年，对于经商营业仍是一个门外汉，原因是他做事总是睁一只眼、闭一只眼，从不留心观察任何与他接触的事物。但那些精明干练的青年只做上两三个月，对于店中的大小事物就了如指掌了。

6. 不断充实自己

有的青年人，随时都在磨炼自己的工作能力，任何事他都要做得高人一筹，他总是睁大眼睛望着一切接触到的事物，观察、思考得完全明白才罢休。他无时无刻不抓住机会学习、磨炼、研究。他把有关自己前途的学习机会看得非常重要，远在财富之上。

他随时都在学习工作的方法和待人的技巧。一件极小的事情，在他眼里，总会有学好的必要；对于任何方法，他都要详细研究考虑，探求成功的奥秘。当他把这许多事情都一一学会之后，他所获得的比起有限的薪金真不知要可贵多少。他的工作兴趣完全系于学习与磨炼上。

那些才智卓越的青年，一定会利用晚上的闲暇时间，把白天所见闻所思考的工作方法与应对技巧从头研究一番。这样一来，他所获得的益处真比白天工作所得的薪金多多了。他很明白，这些学识是他将来成功的基础，是人生的无价之宝。

如果有人强迫你走一里路，就跟他走两里

"如果有人强迫你走一里路，就跟他走两里。"

这是圣经中的一句话。它是耶稣在山上传道的一部分，它如此得中肯，对人们有所助益。

想要成功地推销自己，就要做得比别人要求的多。所以，如果有人要求你走一里路，就跟他走两里。如果在别人没要求之前就能自动去做，就更好了。加倍地付出，去帮助人，伸出你的手来，这样的伸展对成功只有好处。

有比伸个舒服的懒腰更美妙的感觉吗？把整个身体向上拉，伸展你的脊椎，用脚趾头支撑你的身体，压力从颈部、肩膀、背部释放出来，全身都放松了。你帮了自己一个大忙，似乎又变成了一条好汉。

销售自己的秘诀之一在于学习如何去做波浪舞的伸展——向上、向外伸展的大动作。你必须让它成为生活中一部分，不论是在工作、家庭，还是在学校。

这个建议对每一个人都很有好处。你是一个孤立的人吗？你很害羞吗？你常觉得置身事外？或者在别人和你之间有道无形的墙？还是生活像快速的旋转木马，让你毫无机会抓住铜杯？自我推销遇上麻烦了？你永远都抓不到木马的铜环，除非你伸出手。就像诗人说的，"向无助的人伸出双手，你的孤寂就此结束。"

多走一里路，多付出一些心神，多停留一会儿都是伸展触角的好方法。你愈伸展自己，愈能带给别人好的影响。这基本上就是成功的自我推销所包含的意义：影响别人，消弭隔阂。

以强者心态面对自己的人生和事业

真正的强者其实是一种心态。强者心态并不是说以强者自居，对竞争对手或朋友居高临下，恃才傲物，而是一种面对困难时的坚强，是一种面对困境时的临危不乱，更是一种不达目的誓不罢休的坚韧。由于强者与弱者在社会中扮演的角色不同，所以强者与弱者的心理状态也完全不同。

强者心态一：挑战与冒险

在人类的记忆里对狼有很多误解，然而面对发展的困境，又不得不用另一种眼光重新审视狼，审视它们的个性及社会结构——一个互相合作、彼此忠诚、善于沟通的生存环境，由此获得了一个新的启示：生存的这个世界里，除了人类，还存在着拥有更高智慧的狼群，它们富有挑战和冒险的精神。在狼的生存世界中，为了生存领地，狼会勇敢地发起进攻，即使这只动物比它强大的多，也毫不畏惧直至把对手咬死。具有强者心态的销售员也应该像狼一样，要有挑战与冒险的精神。

强者心态二：乐观面对"拒绝"

面对拒绝，销售员如何使谈判维持下去呢？会丧失勇气吗？会被击垮吗？或者这只会激起他更大的决心？它是使销售员奋起直面反对意见，鼓起勇气，还是偃旗息鼓？销售员一定要乐观面对"拒绝"，客户并不是拒绝销售员，只是拒绝销售员的销售方式。

被客户拒绝是不幸的，但不要让拒绝击垮。要找到能应付各种对抗行为的方法并不是一件容易的事，尤其是要说服客户则更不容易——他们能对各种反对意见进行不屈不挠的斗争。脆弱的销售员在遭受挫折后会选择退却，有勇气和毅力的却只会再接再厉，不会让一两次拒绝就把自己击垮。

苏格拉底说过："如果万能之神右手拿着已经取得的成功，左手拿着成功所需的不懈的奋斗要我选择的话，我将选择左手。"只有经过奋斗，经过勇敢地面对与克服障碍，销售员才能提高自己的能力和增强销售的力量。

强者心态三：不要一味地埋怨

具有强者心态的销售员不能依靠别人的带领去做事，而要勇敢面对自己的问题。通常可以看到一些弱者，他们总是不停地抱怨，怨天尤人。抱怨自己的不成功是因为其他的原因，或是别人影响了成功的机会，抱怨生存的时代不能给他成功的机会，甚至会抱怨社会，这样不仅给自己造成了伤害，还给社会带来了不良的风气，因为这种人从来不从自身找原因。

优秀的销售员从来不向别人抱怨，因为他们觉得没有需要抱怨的事情。他们只是勇敢地面对事实，通过自己的努力来实现销售目标，从不靠等待和别人的怜悯。成功总是发生在无声无息中，一个坚持真理的人往往能取得更大的成功。

强者心态四：从自己身上找原因

一些销售员在面对失败的时候总是为自己找一些借口，面对失败时的不同选择决定了销售员的成功与失败，一个是为了下一次的成功销售去总结失败的教训并找出成功的方法；一个是为自己失败找寻一大堆的借口与理由来解释自己的失败，好像失败总是别人的过错，这种怨天尤人、推卸责任的态度是在逃避现实。

弱者心态的销售员每一次总是满怀信心地开始，但一旦业绩不好，就怪公司不好，或是怪训练不好，或是说产品太贵不好卖，或是怪客户水平太低，绝不检讨自己到底犯了什么错，所以同样的错误总是一犯再犯，就这样找借口，找理由。强者心态的销售员不为自己找台阶，而是找到错在哪里，不再重复犯错，总是持这种态度来面对失败。态度改变，销售方式将改变，行为一旦改变，结果也自然会改变的，面临失败时，该怎么做就在于销售员的一念之间。

强者心态五：善用鼓舞的力量

"我是世界上独一无二的"，这种信心对销售员来说举足轻重。国际销售明星戴维博士说："信心包括信赖、忠实和信任。当面对一位客户，在情绪上想要与他建立一种神秘的交情时，信心正是一种不可思议的力量。我们不能假装不惧而愚弄别人，如果真是如此，真正被愚弄的却是自己。"

强者心态六：抓住每一个机会

强者心态的销售员要的是机会。他们坚信：销售机遇总是落在有准备的人手中。他们需要找那些有发展空间的销售领域。而弱者心态的销售员要的是稳定的工作环境和报酬，以图安逸的生活。但是要知道自然界的法则是：弱肉强食，适者生存。

当销售员走在城市的街头，看见到处都是匆忙的人流，是否会感到心灵的一阵空虚，对于生活没有了信心？而意志坚韧、胸怀达观的人能使不满的心情得以宽慰，重新振奋精神激发出一种积极向上的力量，勇敢去面对失意和失败。这是成功销售员所独有的品质，他们能从一时的压抑中酝酿出一生的执著，从一时的失意中迸发出一生的激情。

把自己当成最好的，别人便会对你好

华纳·凡·布朗博士生前曾主持美国太空计划。

他早年是德国希特勒政权下的纳粹党人。纳粹党人因为使用他的技术，改善了火箭，差点就让大不列颠一败涂地。后来，他从断垣残壁的战败国来到了美国。因为国籍的关系，他无法摆脱侵略各国的残暴军人形象。

华纳·凡·布朗博士知识渊博，不过他知道，想实现探险太空的理想，必须先向美国政府、美国人民、企业和工业界推销自己。

他想象自己在美国赢得了全新的正面形象，他拒绝让脑中存有任何其他的想法，他拒绝把生活看成失败。他身处全然陌生的国度，他是一个外国人，于是他打开心胸，帮助他所接触的每一个人并表示他的友善。即使太空计划遭遇挫折，他仍然开朗乐观，并且勇敢地实行他的理念。

170

他说，他必须心中先存有这样的想法才能行动。更重要的是，以和平而非战争的心态来思考，将给他的心灵带来无比的平静。

华纳·凡·布朗博士的思想力带领人类升空探索星星。因为有思想力，才有那句话，"一个人的一小步，是人类的一大步。"

心态是可以改变的。现在就开始正面地思考，要对自己有信心，要相信美好的事情会降临你身上。把自己当作是最好的。没多久你就会发现，别人对你这个人及你所做的事也会有同样积极正面的想法。

别人对你好，是因为你把自己当成最好的。

然后你就会发觉，你已经完成一笔交易了。

现在就行动！

拓展你的视野，检视问题的每一面。

不论过去你的偏见有多深，把它们抛到九霄云外。

将你人生的望远镜对准焦距，从正确的那一边来看。

设定"步伐空间"，写下消极的思想，并把它丢掉，然后转身，写下积极的行动，并定出完成期限。

立刻下定决心锻炼思想力。

每天早晨起床后，晚上睡觉前，大声地说：

"每一天我都会在各方面变得更好。"

每一天都热忱满怀，让自己成为情绪充电器

试试看，在你上班途中，告诉自己：能够出门去做你要做的事，去你要去的地方，你有多么快乐。在你奋勇向前时，去接近其他同

样冲劲十足的人。你要环顾四周，睁大眼睛看着他们，注意成功的人及第一名的人，借用他们的特质。

其实最好的方法不是"借用"，而是"彼此交换"。你对别人微笑，你得到的也应该是微笑。如果你叹了一口气，别人也会叹气。当你大声地把热忱表现出来的时候，它会像电线一样噼里啪啦地响。

艾德·史塔每一天都充满了热忱。艾德负责销售汽车和卡车，你可以说他卖的不是汽车或卡车，而是他的热忱。他就像是一节充满电力的电池，每天都以无比的干劲推销着自己。他的热忱随时保持着满水位，似乎一不小心就会溢出来。他总是情绪高昂，几乎对每件事都会感到兴奋。跟他在一起十分有趣。

每当同事们发觉自己垂头丧气时，就到艾德的办公室去充电，好比车子的电瓶没电了，会跟朋友或路上的机车骑士拿线接一下电一样。每当同事们感觉自己的热忱减弱了，就会跟艾德借电力。他会说："你真是天才，能把那个难缠的客户弄得服服帖帖。"艾德的方式比较夸张，不过当你心情低落时，听起来会很舒服。他可以提高你的情绪，给你一句赞美的话或拍拍你的肩膀，在短时间内又重新点燃你的热忱。

事实上，情绪上的充电是一种施与受的命题。你帮助别人锻炼热忱，你自己的热忱也将得到更多锻炼。

一点点火花能激发出更多的火花。

找一个能帮你充电的对象。他必须像你一样，是个天生赢家，是第一名的人，在你需要时能够给你力量。还有，把自己变成别人的充电器也同样重要。

始终坚信："我是独一无二的！"

信心对业务员来说举足轻重。国际推销明星戴维博士说："信心包括信赖、忠实和信任。当你面对一位顾客，在情绪上想要与他建立一种神秘的交情时，信心正是一种不可思议的力量。"

业务员该怎样使自己充满信心呢？日本著名业务员原一平是这样做的：在青年时代，原一平经常是囊空如洗，他不得不告诉自己午餐只好暂时取消。经过餐厅时，他就故作快活，挺胸阔步而过。那时候的他就向几乎要挫败的自己大声斥责、激励，说："原一平啊，切莫泄气，拿出更大的勇气来吧！提起更大的精神来吧！宇宙之宏大，只有你一个原一平啊！"

如果你也将丧失斗志，不妨如此呼喊自己的名字。当你如此呼喊，一定会拥有前所未有的勇气，恐惧往往也会烟消云散。

你是独一无二的！没有一个人和你一样，你的头脑、心灵、眼睛、耳朵、嘴唇、头发、双手都是与众不同的。言谈举止和你完全一样的人以前没有，现在没有，将来也不会有。

你是独一无二的！从今往后，你就要使自己的个性得到充分发展，因为这是你得以成功的一大资本。你不用再徒劳地模仿别人，而应当展示自己的个性。你要学会去同存异，强调自己与众不同之处，回避人的共性。

你是独一无二的！物以稀为贵，你特立独行，因而身价百倍。但是，你的技艺、你的头脑、你的心灵、你的身体，若不善加利用，都将随时间的流逝而迟钝、腐败甚至死亡。你的潜力无穷无尽，从今天起，你就要开发潜力。你不能因昨日的成绩而沾沾自喜，不能再为微不足道的成绩自吹自擂。你能做得比已经完成的更好。你的出生是一个奇迹，为什么你自己不能再创造奇迹呢？

你会成功，你会成为伟大的业务员，因为你举世无双。

警示自己："今天能做的事绝不准拖至明天！"

托马斯·杰斐逊是美国第三任总统，《独立宣言》的起草人。他曾受儿子委托，给孙子写过一封信，信中他提出了"日常生活十诚"，其中第一诚就是"今天能做的事绝不准推至明天"。

"今天能做的事不拖至明天"，这对所有想成功的人来说都是很重要的，对从事最自由职业的业务员来说更是如此。

日产汽车公司的业务员中，有个叫奥城良注的，16 年来他一直保持推销冠军的头衔。他曾宣布一天要跑 100 个客户。

100 个客户该从何处找，是个相当棘手的问题，他是如何着手的呢？

若是白天去拜访住宅区，大都只有女主人在家，即使向她们推销汽车，成效也不大。因此，他先拜访白天正常作息的公司。

但是，尽管他白天使尽浑身解数辛勤地开拓市场，在下午 6 点钟过后，所有的公司都已下班。假设这时他已拜访了 80 位客户，仍然还有 20 位客户尚未找着。

接下来，他算准男人回家的时间，去住宅区拜访。但晚上八九点以后，顾客就不欢迎业务员去打扰了，奥城先生就到商店街继续寻找客户。即使是这样马不停蹄，到了晚上 11 点时，也可能还有 10 个客户没任何着落。这时，他就去咖啡厅、餐厅或其他深夜还在营业的场所。

即便如此，到了凌晨 1 点，他还差 5 位客户。他告诫自己：若是就此回去，明天势必要拜访 105 位客户，这样下去，将会越积越多，无论如何，今天必须再拜访 5 个客户。这 5 个客户怎么找呢？他居然跑到警察局，以警察为对象推销汽车。

奥城先生的这种做法在常人看来，简直是不可思议，但他依然秉持着这种执著，每天固定拜访 100 个客户。虽然并不提倡你照搬他的做法，但他的精神——"今天的事不拖至明天"——是很值得提倡的。

学会管理自己的情绪

在工作与生活中，不好的情绪常常折磨我们的心灵，使我们做事情总是犯错误。因此，我们应尽量在情绪控制自己之前控制情绪。那些能取得成就的人往往是能管理情绪的人，而失败得一塌糊涂的人通常是那些被情绪驾驭的人。

以下是管理自我情绪的几条方法。

第一，控制个人情绪

每个人的情绪不会是一成不变的，有时好，有时坏，因此，销售员必须学会控制情绪，特别是能在最短的时间中，将不良情绪消灭在萌芽状态。要做到这一点，首先要注意用理智"调剂"。心理学家认为，人发脾气，吵嘴打架，往往是感情冲破理智的大门造成的，因此，凡事应该三思而后行，否则容易造成对方的不理解，形成突发性矛盾，导致仓促之间失去理智的平衡。万一遇到不讲礼的客户，首先要善于压"火"，要显示出自己的大方，有气节，不失高尚的人格。其次，要善于"退却"。以"退"为"进"的"退却"，是消除"战火"的积极心理因素。

第二，做到"四不"

不责备、不逃避、不委曲求全、不遗忘。责备容易导致愤怒、谩骂等激烈情形的发生，使事情扩大化；逃避则滋长了害怕情绪使人变得胆小；委曲求全容易使人沮丧不已；遗忘会给人的心灵留下长久的创伤。

第三，学会自我反省

反省的方式一般有三种：

（1）以日记形式回忆一天的销售生活。这是"思维自我净化"的一个冶炼过程。用这种方法自我"冶炼"，久而久之，便会塑造出一种善于"克己"的高尚道德。

（2）开卷自珍。即学习一些与个人职业、交往等方面有关的报刊资料、影视录像等。这不仅有助于心境一步步提高，也会丰富知识，洞开视野。

（3）面壁。实际上是思维的"新陈代谢"。它比日记形式有更大的空间，可以想得更多、更广阔。如果将这种方式与日记方式结合并用，亦思亦记，有想有录，"净化"效果会更佳。

第四，心中要有把尺

指善于学习、仿效他人之长。这不但能使自己与周围的人形成和睦的气氛，有利于最佳心态的培养与稳固，更有利于把周围的事情处理好。相对而言，对别人的缺点，除了自己应该警惕之外，应尽量把握好"揭短"的尺，尤其是对那些缺乏道德涵养，自高自傲的客户或同事，"揭短"的最好办法是在不知不觉中感化对方。

第五，合理宣泄情绪

高兴时要将自己满腔的热情释放出来，例如可以和朋友一起庆祝、游戏；情绪低落时更要把负面情绪宣泄出来，这样不至于积累起来造成心理负担。下面几种方式可供参考：

（1）自由表达。找一个安静的地方闭上眼睛，把自己的不满、抑郁统统说出来，可以大声诉说也可低声低语，随心而定。

（2）想象。深呼吸，闭上眼睛，发挥自己的想象力，现实不能达成的愿望想象中可以达成从而减轻自己抑郁的情绪。

（3）写在纸上。电影中常有此镜头，主人公将心事写在纸上然后烧掉，其实这是一种不错的方法。

（4）调息静心。坐下来深呼吸思考。

（5）听音乐。听一段"悲惨"的音乐将压抑的不快引导出来。

（6）诉说。向知心朋友唠叨委屈，说出来心情或许会好些。

（7）哭泣。痛哭其实是一种有效的减压和心理保护措施。

善于自我调节，经常进行心理调剂

作为一个优秀的业务员，经常地进行心理修养是十分重要的，因为它可以决定你是否能永远保持成功不败的纪录。为了达到此目的，下列原则是应该遵守的。

1. 培养积极的人生观

人生观是决定人生方向的主要因素。你的人生，是成功还是失败，你的人生观便决定了大半。

人生观有两种：一种是积极的人生观，另一种是消极的人生观。凡是有成就的人无不怀有积极的人生观，他们常在困境之中，以积极的人生态度和不屈不挠的毅力，克服困难而获得成功。

2. 乐观

陷于苦境，在失望无依的情况下，更需要乐观。乐观是积极的人生观的表现。即使以战争来说，如果敌人兵力是七分，我方只有三分，当然是处于劣势。可是士气一经激发，即使胜不了对方，亦能顽强地对抗，而敌方在我方的猛击下亦将深受困扰。在敌我对峙下，形势可能会改变，甚至于可以胜利。反之，如果士气低沉，军心涣散，不等敌人攻击，自己的阵容就早已崩溃了。

3. 坚忍

坚强地去达成目的，在成功前，对一切都要忍耐。坚信事业必定成功，这就是业务员的精神支柱。即使在达成的道路上会碰到许多艰难曲折，但只要有了坚忍的精神，任何难关都不难闯过。这就像进了一间伸手不见五指的暗室一样，必须一点点摸索着墙壁往前走，逐渐开始发现有极弱的光，再走就有些光明了，而继续往前去就能看到耀眼灿烂的阳光了。这又好比一根杂草，它首先要熬过寒冷的冬天，到了初春返青以后，又会遇到人畜的践踏、车轮的碾压以及种种的摧残，可是它仍然茁壮生长，一直到开出小花、结出果实，并且尽量地将种子传播到更广阔的原野上去。

4. 善于调剂

适当变换工作内容，保持旺盛的精力。唐诗中有"离离原上草，一岁一枯荣。野火烧不尽，春风吹又生"的绝句，像野草这样的坚忍精神，是值得业务员效仿的。反复做同一种工作很容易使人厌倦、乏味，工作效率也会逐渐降低。比如阅读、记录书稿、接电话、研究、复杂判断，等等，这些工作时间一长，都有可能使人精神疲惫，注意力不集中。在这种情形下，不妨换做其他的工作，以作为调剂心身的滋养品。

5. 自励

就是要有雄心壮志和奋斗目标。无论是谁，只要受到了鼓励，就会拿出精神来做事，自己鼓励自己也是必不可少的。自励的原则主要是理想目标的实现。

进行有效的自我管理

自我管理的范畴大致包括：销售员对企业组织"引导方式"的认同程度，对一定的文化价值体系的理解和感兴趣程度，羞耻感、自律感、自我约束力以及自我激励能力，工作中所表现出的主动性和能动性，对所承担工作和达到组织所设定目标的自信心，克服困难与战胜挫折的勇气，对同事的尊敬和在工作中体现出的协作精神等。一流的销售员在自我管理中需要做到以下几点。

1. 准备充分

充分的准备是任何事情都需要的，包括从资料收集到心理状态，从销售员对自己的态度到与他人的关系。这样，当销售员需要时，就能积极地给予他人帮助。要做好必要的物质准备。如果文件摆放得井井有条，销售员就可以在几分钟内迅速查找到所需信息，以避免不能轻易找到所需物品而放慢，甚至中断工作。销售员最好把便条固定放在某个地方，或收集在标有日期的日记簿里，以便能迅速找到。必须熟知可能遇到的所有组织程序。如果确有合理的程序，就要找到它。如果没有，那么就该制定一个。另外，足够的睡眠与合理、健康的日常饮食，是保持良好身体状况的必要准备。把握时间灵活度，快速判断什么时候需要寻求更多的帮助，这样会使销售员按时赶到。

2. 赋予公司文化内涵

有一家商场的墙上写着："销售员手册：第一条，客户永远是对的；第二条，请参照第一条执行。"这家商场的《销售员手册》全文，用语很有文采、很人性化，很少有那种机械的、刻板的规程性语言。国外公司的规章制度，是每个销售员都必须遵守的，它是一个有效的管理框架，使每个销售员在框架内进步。而国内企业的规章制度，一般是一个摆设，只是虚设一下，并没有产生实际的意义，销售员也很少遵守，主要是销售员没有在心理上认同它，企业也没有认真执行。如果能让每个人都赋予它内涵，那么它不仅能执行，还能对销售员的自我管理起到非常大的作用。

在日常管理活动中，要不断对自我的价值观进行引导，平时对自己的生活习惯、人生观、价值取向进行调整。还可以制定一些必需的规程和制度，有许多禁止和不允许，或者还有一些不主张、不赞同等。

所有的销售员都少不了管理，对于销售主管来说更是如此。要管理别人，管理一个不断变化的队伍，首先要从自我管理开始。关于自我管理，美国一流的销售员总结了一个有效的方法：设定一分钟目标，给予一分钟赞赏，应用一分钟责备。此三点统称为一分钟自我管理，销售员不妨一试。

推销自己的勇气

销售员第一个推销的是他的勇气，这是每一个从事销售工作的人都要牢记的成功法宝。

有一个朋友讲了自己的一个故事："小的时候家里穷，只能和小伙伴们在一起玩一些砍瓦片、圈蚂蚁、捉迷藏之类的小把戏。其中，圈蚂蚁给我的启迪是：'勇敢能取胜。'

"每当我用樟脑丸把两只小蚂蚁圈在一个地方时，小蚂蚁一闻到樟脑丸的气味便惊慌失措，吓破胆似地调头跑，跑一会儿闻到樟脑丸气味又回头。有一只蚂蚁在无路可走的情况下，勇敢地向樟脑丸冲去，一点也没有受到损伤，很轻松地冲出了包围圈。另一只蚂蚁胆子小，始终在包围圈里转，它哪里知道，冲出去并没有什么艰难险阻，只需要一点勇气就够了。小学四年级的时候，学校让我做代表去公社参加歌咏比赛，我害怕唱不好，丢了学校的面子，婉言谢绝了老师的安排。其实我很想去试一试，当机会来了我却主动放弃了，一点也不懂得珍惜。当另一个同学去参加比赛并且获得了奖时，谁也不知道我心里有多么后悔和难受。

"长大以后，我才知道：'成功的首要条件是勇敢。'

"临近30岁，我想出版两本书。当时，我对出版方面的信息以及出版方面的常识一无所知，便靠勇敢，到处打听，四处奔跑，才摸出路子来。最后成功地把书出了。"

每个销售员都有这样那样的梦想，为什么绝大多数的梦想被搁浅？主要原因就是缺乏勇气，想为不敢为，结果一事无成。每个销售员在工作中，都会面临许多害怕做不到的时刻，因而画地为牢，使无限的潜能化为有限的成就。记住一句话：成功就在你身边，就看你有没有勇气去摘取。失去金钱的人损失甚少，失去健康的人损失极多，失去勇气的人则损失一切。

别替自己找借口

任何一名销售员在销售过程中都会犯各种各样的错误。但是所有错误都是有价值的，销售员必须在错误中吸取经验，不断地学习和完善自己的销售技能。

销售员不要从错误中给自己找懈怠的借口，应该从中找出下次成功需要的正确方法。如果你去接近每一个成功的人士，你就会发现，他们都是经历过那么多的失败之后，才成功的。

一位销售员曾这样总结自己："我在过去做了好几份不同的工作，换了好几家不同的公司，每一次总是满怀信心地开始，但一旦业绩不好，就怪公司不好，或是怪训练不好，或是说产品太贵不好卖，或是怪这些顾客太低级没水平。我绝不检讨自己到底犯了什么错误，所以同样的错误总是一犯再犯，就这样找借口，找理由，找了好几年。后来，我见过好多这样的人，冬天业绩不好怪天气太冷，所以不能去行动；夏天怪天气太热，不适合去行动；或怪春节放假太长，不能行动；或怪秋天风太大，又不适合行动，所以一年都没行动力。还有人说到了一个新市场，环境不熟，朋友不多，知名度不够等理由，来解释自己为何业绩不好。还有人说家里有事，父母有事，资金不足，身体不好，时机未到等许多理由来告诉自己，之所以不能行动，都是因为这样或那样理由。我知道我同他们其实没什么分别，真为自己前几年的工作经历和态度感到惭愧。"

排除一切借口，为自己的绩效负责，为成功找方法，不为失败找理由，这才是迈向成功的基本态度。

在每一次未能达成理想结果时，一定要进行研究，不断找寻新的方法来实践，不断修正自己的步伐，这样就会一次比一次更进步、更理想。

每一个人都不见得能尝试一次就成功，做每一件事都有犯错的时候，别人可以原谅你，但你不能原谅自己，不能为自己找台阶，必须告诉自己错在哪里，不再重复犯错，必须持这种态度。态度改变，做事方式将改变，行为一旦改变，结果自然会改变。面临失败时，该怎么做，取决于你的一念之间。聪明的人不在于不犯错误，而在于不犯同样的错误。失败是有意义的，它的意义在于，让人从中吸取教训，走向成功。

相信自己攻无不克

刚刚步入销售行业的新人，在面对陌生人，准备开口说话时，经常会因为紧张，将准备好的问候语或开场白一下子忘得干干净净。这时候，他们会特别羡慕那些能够和陌生人侃侃而谈的成功销售员。

其实，每一个从事销售工作的人最初都会有恐惧感，如果更进一步问他们到底怕什么，他们会说：

"我只是害怕，自己也不知道为什么。"

"我一向就不愿和陌生人打交道。"

"跟陌生人做销售，人家烦我怎么办？"

"我凭什么改变别人的想法呢？"

"和人家非亲非故而去打扰，如果对方拒绝，我怎么办呀？"

"我晚上睡觉前还挺有决心，天一亮就不敢了。"

答案虽然各不相同，但是对自己没有信心，害怕被拒绝是主要的原因。其实，勇气不是天生就有的，它也是靠后天培养的。在第二次世界大战中带领人民顽强地抵抗希特勒的英国首相丘吉尔有一段名言："一个人绝对不可在遇到危险时背过身去试图逃避。若这样做，只会使危险加倍。但是，如果面对它毫不退缩，危险便会减半。绝不要逃避任何事物，绝不！"

销售员在面对陌生人时，往往不敢迈出第一步，而是试图背过身去逃避。其实，只要你能鼓起勇气，勇敢地迈出这第一步，以后的事就不会令你觉得那么困难了。只要你做到以下几点，一定能克服恐惧心理。

1. 相信自己

勇气是一切事业成功的基础。在销售工作中，相信自己则意味着不仅仅相信自己的办事能力，而且相信自己选择销售事业的正确性，相信自己的选择能够给每一个人带来健康、财富和事业，相信自己是把产品、把爱心和朋友们分享。只要树立了这种职业的自信心与自豪感，你自然会勇敢地走向陌生人。

2. 评估对方

两人初见面时，往往会很在乎别人对自己的评价。但作为销售员，如果时时在意对方的想法，心理上就会患得患失，产生巨大的压力，当然会显得手足无措。所以，你不如暂时忘记自己，反过来评价对方，仔细观察对方的表情、服装、说话神态，找到对方的缺点。这样，在心理上你就能从被动变为主动，产生与对方平等的感受，压迫感与恐惧感会随之减缓。

3. 大声说话

在初次见面的场合，你不妨试着尽量放开声音，大声寒暄，有力地握住对方的手，开个无伤大雅的玩笑或爽朗地大笑，这样会使紧张的心理迅速得到缓解，害怕与畏缩也就被抛到九霄云外了。

4. 寻找优点

一位著名的教育家说过："每个人必有其长处，心怀自信就会无往不利。"所以，在和陌生人会面前，请想一想自己优于他人的地方，即使是自认为微不足道的长处，也可以运用自我扩大的方法，将其扩大成足以自豪的优点，将那些无缘的自卑感驱逐出去，提高自信，消除不安。

5. 心情放松

我们的生活中总会有些日常琐事让人烦躁不安。你可能刚刚和妻子吵完架，也可能正因为孩子的不听话而生气。请你千万记住：不愉快的情绪会给对方不愉快的印象。因此，在和陌生人会面时，一定要抛开不顺心的事，想一些让自己高兴的事，试着哼几首喜欢的歌，踩着轻快的步伐，让心情飞扬起来，把一个快快乐乐的你呈现在别人面前。这时，你还会紧张吗？

6. 告诉自己：人非圣贤

人们初见面时，总是容易被对方外在的地位、头衔镇住，心理上不自觉地就产生压力。其实，你完全可以让他褪去那些耀眼的光环。他们和你一样都是有血有肉的人，也是从一个小娃娃一天天长大的，肯定也干过把两只脚塞进一个裤管的尴尬事，肯定也有着人性脆弱的一面。所以，你只要想着："同样为人，我何需惧怕他呢？"就会让紧张的心情轻松下来。

7. 看淡得失

与人交往时，希望马上达到目的，往往会欲速则不达，反而会因急于求成显得慌乱、僵硬，使自己窘态毕现，无法发挥实力。所以，在走近陌生人的时候，不要把第一次见面的得失看得太重，只要告诉自己，与对方建立良好的关系，取得再次见面的机会就够了。这样，你就会心平气和、从容自若地与人交往了。

拥有自我激励能力

一个真正优秀的销售员必须有一个最基本的素质，那就是自我激励。激励就如同一辆汽车上引擎的启动器，没有启动器，引擎将永远不会发出功率。自我激励能力，就是指销售员必须有一种内在的驱使力，使他个人想要而且需要去做一次"成功"的销售，而并不仅仅是为了钱或为了得到上级的赏识。

当然，从心理学的角度来讲，一般人工作是为了赚更多的报酬和获得晋升的机会，事实上现实中也正是这样。但是如果缺乏内在的驱使力，当他的工作达到某一个水准时，他的销售业绩也就基本停滞不前了，只能维持这个水准，甚至开始逐渐下滑，很快就成为平凡的销售员了，这样的例子不胜枚举。他们最大的缺点就是缺少冲劲和干劲，原因也就在于缺乏自我激励能力。

一个人的销售能力，就是由正确思考和自我激励能力的交互作用来决定的。这两个基本素质不仅交互作用，而且彼此加强。必须有强烈的自我激励能力，加上自身良好的悟性，才能不断达成有效的销售。

具有良好的悟性和强烈的自我激励能力的销售员，是每一个公司理想的人才，这样的销售员具有第一流人才的潜力，只要给予正确的训练与指导，他们必然能够有杰出的表现。

记得有这样一个寓言故事：一只蜈蚣悠闲自得，有只癞蛤蟆嘲笑她说："嗨，你哪只脚先走哪只脚后走？"

这真是一个复杂的问题。蜈蚣便停下脚步开始冥思苦想自己究竟应该怎样行走。

销售员们不用考虑自己是应该先迈左脚还是先迈右脚。他需要做的只是向前走，而且不停地走——向自己的目标前进。

在每一天的开始，给自己一个挑战，以提高你的工作效率，节省与客户交谈的时间。

你是否发现自己每天只用了三个小时去销售？可是其实在每天八个小时的工作时间之内，都可以与客户联系，相比之下三个小时是否太少了？你如何安排每天的时间，使自己能够多做几次访问？那些低效率的工作和时间是否是不必要的浪费呢？

销售是一种技能，像其他技能一样，必须通过学习和实践才能获得，只有通过工作才能不断地提高。成功销售的诀窍和其他任何职业的成功诀窍一样，用乔治·华盛顿·卡尔的话来做一个简单的总结："从你现在站的地方出发。做你现在能做的事情。干出些事情来。永不满足。"

从你现在站的地方出发意味着从今天开始向前走；意味着在努力完成一天的任务之前永不停止工作；意味着不满足于"像大家一样"；意味着离开办公桌，戴上帽子，通过最短的路程实现自己的目标；意味着一直向前走，直到再也找不到任何目标为止。

因此，不论是在哪一种行业，如果你想成为一位优秀的销售员，或是一位成功的创业家，就不要再被动地等客户上门了。安逸的时代已经过去，你一定要走出去开发市场，发掘潜在客户，然后设法去耕耘他，拥抱他。一个能够运用正确的思考方式并成功地进行自我激励的人，才是真正成功的销售员。

从容地应对各种紧急状况

如果销售员在任何场合，都能够保持从容不迫、顺其自然的态度，那么，任何事情他都能应付自如。

一些伟大的人物都是一些"镇静"的高手，面对突然变故，仍然镇定自若。因为他们懂得，不能慌张，否则就无法冷静思考如何应付了。如果他们慌了，那么周围的人会更没有主见，那就慌作一团了。因此，他们大都大喝一声："慌什么？"这一半是对别人说的，一半则是自我暗示。销售员在日常的工作中，经常要遇到各种各样的紧急情况，也许这些突如其来的情况会使你措手不及，这时你就应该努力使自己镇静下来，以便筹划下一步。

如果你感到慌张，你的大脑就失去正常的思考能力，你就会丢三落四，语无伦次。许多人掉了重要东西，或者说话说漏了嘴，就是因为心里有"鬼"，慌里慌张。这种时候，你要有意地放慢你的动作节奏，越慢越好，并在心里说："不要慌！千万不要慌！"动作和语言的暗示会使你慢慢镇静。你的大脑就会恢复正常的思考，以应付周围发生的事情。

没有见过大场面的人，一到人多的场所，就会周身不自在。克服这种心理的方法是把所有的人都当作朋友，点点头，打声招呼，别人自然也会回应。虽然他可能永远也无法想起曾经在哪儿见过你，但是你却因此消除了紧张。

销售员只要有机会就要主动当众讲讲话，面对的人越多，就越能锻炼你的销售能力，就会使你逐渐养成从容不迫的好习惯。

破解被拒绝心理

没有人喜欢被拒绝，拒绝会让人痛苦、难过，但现实中又无法避免被拒绝，尤其是销售员。对销售员来说，被拒绝是家常便饭。有的销售员在遭到拒绝后，经常会产生一些心理障碍，影响以后的工作。因此，我们有必要破解被拒绝的心理，以便更好地做好销售工作。要想成为一流的销售员，必须克服达成交易时的各种心理障碍。常见的心理障碍有以下几种。

1. 客户拒绝该怎么办

这样的销售员往往对客户还不够了解，或者选择交易的时机还不成熟。其实，即使提出交易的要求被拒绝了，销售员也要以一份坦然的心态来勇于面对眼前被拒绝的现实。做销售，成败是很正常的，有成功就有失败。销售员要学会坦然面对。

2. 我会不会欺骗客户

　　这是一种常见的错位心理，错误地把销售员放在了客户的一边。应把着眼点放在公司的利益上，不仅要以销售的眼光与价值观来评判产品，而且要从客户的角度上衡量销售的产品。

　　3. 主动地提出交易是不是在乞讨

　　这也是一种错位的心理。销售员要正确地看待自己与客户之间的关系。销售员向客户销售产品，获得了金钱，但客户从销售员那里获得了产品与售后服务，这些能给客户带来许多实实在在的利益，提高工作效率，双方完全是互利互惠的友好合作关系。主动提出交易，只是给客户提供一个机会，不是乞讨。

　　4. 如果被拒绝，领导会小看我吗

　　有的销售员因害怕提出交易遭到客户的拒绝，从而失去领导的重视。但是应该明白，拖延着不提出交易虽然不会遭到拒绝，但也永远得不到订单，那就永远也做不了合格的销售员。

　　5. 客户会喜欢同行的其他产品吗

　　这种心理同样也反映了销售员对产品缺乏自信。同时，也往往容易为销售失败找到很好的借口：即使交易最终没有达成，那也是产品本身的错，而不是自己销售工作的失误。这样的心理实际上恰好反映了销售员不负责任的工作态度。

　　6. 我们的产品有问题吗

　　这是一种复杂的心理障碍，混合了几个方面的因素，其中包括对自己的产品缺乏应有的信心；面对交易时的错位与害怕被拒绝的心理。销售员应该明白，客户之所以决定达成交易，是因为客户已经对产品有了相当的了解，认为产品符合需求，客户也许本来就没有期望产品会十全十美。达成交易是与客户进行的最后一步，也是非常重要的一步。销售员如果缺乏达成交易的技巧，很容易使交易以失败告终。在恰当的时候主动提出交易是一个很重要的技巧。

　　如果销售员能真诚、主动地提出交易，成交率将大大增加。销售员之所以不能真诚、主动地提出交易，往往是因为存在着比较严重的心理障碍。有的害怕被拒绝后，自己会有受挫的感觉；有的担心自己主动提出交易，会给人以乞讨的印象；还有的甚至觉得同行其他的产品更适合客户等。

成功的关键在于一种积极的心态。每个人都有鞭策自己的神秘力量。在大多数人裹足不前的情况下，积极心态的人总选择勇往直前，不退缩。这种人最适合做销售，因为这种人具有高度的乐观，坚定的信念，自发向前的上进心。他们会轻易且自然地克服可能遭受的多次白眼或无情拒绝，因此他们的业绩总是遥遥领先，令人钦羡。

有一位钻研积极心态，帮助成千上万的销售员获得更高成就的天才荣威，在著作中讨论到应付拒绝时指出："人们是拒绝销售员提供的产品或服务，不是拒绝销售员。"

这意味着我们越是肯定自己，具有顽强的信念，把自己看成是一位有价值的创造者，让客户觉得物超所值，帮助他们在情感上获得更大的满足感，越能成为成功的销售员，同时销售员越对产品信心十足，越会在内心产生一股巨大的力量，快速增强积极心态，更加重视自己，重视对方。要坦然、勇敢地面对拒绝，这是销售成功的金钥匙。

不论客户拒绝率有多少，总有人生意兴隆，有人惨淡经营，生意是靠争取的，毕竟天上掉馅饼的事发生的几率实在太小了。拥有积极心态的销售员常能建立无限的自信与坚韧的意志，唯有以自信、意志去面对客户的拒绝，以专业化的策略、恰当的口才去化解客户的拒绝，才能得到巨额的订单、优厚的奖金、幸福的生活。

销售员应该自始至终保持高度的自信，不论客户用什么言词拒绝或反驳，都要对自己说："我一定能让他心服口服，一定可以满载而归。"当然如果能把处理反对意见称为是一种乐事、一种自我挑战，以平心静气的心态接纳它们，定会产生意想不到的神奇效果。

追求成功的心态，可以使销售员的处理方法与讲话技巧的威力加倍，一定要注意培养。

做销售的朋友请牢记"销售是从被拒绝开始的"。只有被拒绝才会激发人的更大斗志与激情，才会使人更加深刻体会到销售的意义与快乐，才会使人更加深刻体会成功的喜悦、幸福的滋味。

与压力和谐相处

"随时把自己看作是一个在湖中翻了船的人！"一个资深的销售员说："如果你能保持镇静，你就可以游到岸边，至少在沉浮时有人会来救你。如果你失去冷静，你就会被淹死。"刚开始做销售的时候，真有点像突然沉溺在湖中央的人。如果能保持镇静，生存的机会就较大，否则就很可能被溺死。想做销售的人，都应该把这一警句牢记在心里，这样就会养成心情轻松的习惯，从而获得不少的帮助，也有办法应付销售中的任何情况。

实际上，一定的压力无论对人的生活和工作都是有好处的。但过多的压力会损害健康，即"压力杀人"，是一种"看不见的疾病"。压力对情绪的影响：使人容易激动、发怒，意志消沉，严重的可能会患上神经衰弱，智力功能降低，甚至有自杀倾向等。压力对行为的影响：使人在工作中粗心大意、对批评过敏、难以集中精力、缺勤率高、工作态度恶劣、人际关系变坏等。所以，当销售员有压力时，应采取积极措施，释放压力，建议大家从下面几个方面进行尝试。

1. 宽容为美

宽容是销售员应该具备的品德修养，销售员碰到的客户可能是蛮不讲理的、故意捣乱的，或者是恶意骚扰的，对待这样的客户要宽容，宽容能将坚冰融化。销售工作的目的主要是为客户服务，为客户解决问题。所以在工作时不要逞一时之强与客户争辩，最后胜了辩论却输了生意，这不是偏离了做生意的本意吗？

2. 保持镇定

一流的销售员，面对突发的问题，不会手忙脚乱，就像一个够格的橄榄球员一样，在传球的时候，球意外地落到他的手中，他并不胆寒或惊慌，他能灵敏地反应，有办法掌握或对付新情况，他会紧抱着球跑过去，或者警觉而又轻松地转个方向，以免对手扑过来。大多数的销售员，只有经过多次练习，才能养成这种习惯。

不管在何种场合，如果能够保持从容不迫、顺其自然的态度，任何事情都将应付自如。

3. 自我控制

有些来投诉的客户情绪可能很激动，出言不逊，说出一些不太好听的话，甚至有些销售员特别是女销售员会被骂哭，这种情况在销售行业是非常普遍的。因此，一个职业化的销售员，要有良好的心理素质，能够控制情绪。要不断地告诫自己，客户骂的不是自己，因为自己只是一个销售员，客户只不过是对产品不满意，是对公司的服务有意见，而不要把客户的辱骂，或者一些不太恰当的语言理解成为对个人的人身攻击。要完全站在客户的立场上为客户着想，想想假如是自己，自己也会生气，采取过激的行动，这样，就能够理解客户，从而保持一种很平和的心态。

正确对待失败

从事销售这一行业，就要正确认识挫折和失败，要有不屈不挠的勇气。销售员一定要有耐心，要相信所有的失败都是为以后的成功做准备的。这个世界有一千条路，但却只有一条能到达终点。销售员运气好，可能走第一条就成功了，但如果运气不好，可能要尝试很多次，但记住：销售员每走错一条路，就离成功近了一条路。谁笑到最后，谁才会是赢家。为什么这个世上有成功者也有失败者？原因很简单：成功者比失败者永远多坚持了一步。销售员应把全部思想用来做想做的事，而不要给那些胡思乱想的念头留出思维空间。

销售员知道怎样培养积极心态后，接下来的问题就是怎样才能把积极心态表现出来，让客户看得见。因为客户需要的是对他们有所帮助的积极态度。行动比言语更能打动人心。一些积极的行为模式可以帮助销售员将积极心态表现出来。另外，积极的行为模式将会在销售员的内心中萌生出更多积极的思维方式。销售冠军的经验有以下几点。

1. 说出销售承诺

客户必须先看到销售员的承诺，然后才愿意冒自己做出承诺的风险。

2. 注视对方的眼睛

在会谈中，要注视客户的眼睛，一则显示销售员的自信，二则"眼睛是心灵的窗户"，销售员可以透过他的眼神发现他没用语言表达出来的"内涵"。

3. 切勿选择捷径

销售员无须成为一个完美主义者，但销售员需要处理好每一个细节，以保证兑现承诺。

4. 提供 N 种解决方法

经常去发现变通的办法以适应各种不同的情况，尤其是那些涉及解决客户问题的情况。

5. 学会欣赏销售工作

欣赏自己的工作是最大的动力。销售员对自己那份工作的欣赏程度，对销售员周围的人来说是显而易见的，这当中包括销售员的客户，客户总喜欢和拥有一批快乐雇员的公司打交道。

6. 让客户看见热情

当销售员表现出热情时，销售员的感情具有很大的感染力，它会促使客户做出购买决定。

7. 诚实

销售既是科学又是艺术，它常常允许添枝加叶，有时候甚至也需要一些夸张，但绝不能撒谎。

8. 守时原则

要珍惜时间，不仅珍惜自己的时间，也要珍惜客户和潜在客户的时间。始终保持准时到场，别弄得自己不受欢迎。

养成坚持到底的行为作风

无论从事什么样的工作都应该热情饱满，具备坚韧的品质与毅力，害怕困难而半途而废的人终将一事无成。任何事情往往都是开头容易而完成难，所以要评判一个人业绩是否优良，不能看他所做的事情有多少，而要看他最终完成的事情有多少。例如，在赛跑中，裁判并不计算选手在跑道上出发时如何如何快，而是计算他从起点跑到终点需要多少时间。

如果销售员有能力，业绩却远远落后于其他人，不要埋怨，最好自我反省一下：自己是否善始善终地把工作进行到底了？如果不是，这就是销售失败的原因。对于任何一件工作，要么不做，要做就要有始有终、彻彻底底地去完成它。一个人的工作成功与否取决于他有无恒心，能否善始善终。持之以恒是人人应有的美德，也是顺利完成工作的重要因素。

一家著名企业招聘销售员时，企业人事经理只粗略地看了一下应聘人员的自荐材料，便推说"电梯坏了"，于是带着几十个应聘者从1楼往位于32楼的办公室爬去。结果大多数人不是待在1楼等电梯修好，就是走了一半就放弃了。望着坚持到最后的几位应聘者，人事经理宣布：你们被聘用了——其他人则全部被淘汰。以爬楼梯来考核一个员工是否具有坚持不懈的精神，再合适不过了。连几层楼都不愿爬的人，成不了优秀的员工，也成不了优秀的销售员。

在所有的职业中，销售是最容易受挫、最容易遭拒绝的工作，也是最容易让人厌倦的工作。许多销售员忙忙碌碌，并没有取得成功，没有别的原因，他们大多败在自己手中，败在遇到挫折时放弃自己的追求，缺乏坚持不懈的精神。

美国销售协会的一项调查研究指出，不能坚持是销售失败的主要原因。有48%的销售员找过1个客户之后就不干了；有25%的销售员找过2个客户之后不干了；有15%的销售员找过3个客户之后不干了；12%的销售员找过3个人之后，继续干下去，而80%的生意恰恰就是这些销售员做成的。坚持不懈地付出努力，是优秀销售员取得良好业绩的不二法门。

一个人做一点事不难，难的是能够持之以恒地做下去，直到最后成功。

约翰·吉米是美国一家人寿保险企业的保险员，他花65美元买了一辆脚踏车到处拉保险。不幸的是，成绩始终是一片空白。可是，吉米毫不气馁，晚上即使再疲倦，也要一一写信给白天访问过的客户，感谢他们接受自己的访问，力邀他们加入投保的行列，每一字每一句都写得诚恳感人。可是，任凭他再努力、再勤奋，也没有发生效果。两个月过去了，他连一个客户也没有拉到，上司催他愈来愈紧……劳累一天回来，他常常连饭也没心情吃，虽然娇妻温顺体贴，但一想到明天，他就全身直冒冷汗。

他在日记中写道："从前，我以为一个人只要认真、努力地工作，就能做好任何事情。但是这一次，我错了。因为事实显然并不如此……我辛辛苦苦地跑了68天，然而，却连一个客户也没有拉成。唉，保险工作，对我很不合适，不如换个地方工作吧……"妻子劝告他说："坚持下去，就有盼头。"吉米听从了妻子的劝告。

吉米曾想说服一个小学校长，让他的学生全部投保。然而校长对此毫无兴趣，一次一次地拒吉米于门外。当他在第69天再一次跑到校长那里时，校长终于为他的诚心所感动，同意全校学生投他的保。

吉米成功了！坚持不懈的精神使他后来成了著名的保险销售员。吉米的坚韧是我们所提倡的销售要具有狼性的重要一点。不轻易放弃，通过各种渠道接近目标，猎物总会到手。顶级销售员一定深谙狼性，一步步坚定而执着地接近目标。

销售是一场持久战，要规避急功近利的心理

一个销售经理曾经用"50—15—1"原则来激励销售员坚持不懈地努力。所谓"50—15—1"就是指每50个业务电话中，只有15

个人愿意和你谈谈，这 15 个人里面只有 1 个人和你成交。没有坚持不懈的精神，哪里来良好业绩呢？

所以说，对于我们销售人员来说，要想挖出自己的水，最重要的就是坚持不懈，只有这样才能够喝上甘甜的水。如果你选择了放弃，那你就永远和成功无缘。

我曾经跟踪一个客户长达两个月，对方总是不冷不热，使我觉得没希望就放弃了。可是不久之后，竟被一个轻易拨通电话的同事拿走了订单。原来，那客户准备交易时找不到我的联系电话，就这样两个月的努力却成就了他人。

很多人会在成交之前就放弃，但若是能坚持不懈，结果一定会大不相同。

当客户冷冰冰地拒绝时，我们面临着极大的考验。毕竟，当顺利成交时，我们都会开心，谁都不想被拒绝。不断地拜访，得到的却只是拒绝，但还要坚持下去，这需要勇气。有时候坚持下去很难，面对客户的无动于衷，面对客户的冷淡，甚至是冷嘲热讽，面对不可预知的销售结果，需要很强的信心去支撑。

销售是持久战，不要急功近利。我在对大量销售员进行研究的基础上得出一个结论：那就是 80％的销售员过于急功近利，想一次就促成签单，成功的几率是非常小的，结果就遭到客户无情地拒绝。

销售员需要先定好每一次的销售目的，我们必须非常清楚地明确一点，每一次拜访的目的都是不一样的，有礼节性的拜访、产品说明和演示、签单促成、收款、售后服务、抱怨处理、索取转介绍等等。

推销人员要建立起分步骤走、按流程操作的方法，虽然在形式上看起来虽慢，但每个流程进行得很扎实，成功的几率就大。

抛弃乞丐心理

销售员的乞丐心理是指销售员认为自己的工作是在乞求别人、请别人帮助自己办成某项事情，所以在销售时非常害怕客户提出反对意见，害怕客户对产品提出哪怕是一丁点的意见。在乞求心理支配下，销售员害怕购买者有丝毫的反对意见或看法，一旦听到反对意见，马上会意识到成交将失败。

销售员的心态不同，精神状态就不一样，展现在客户面前的气质信心也不一样，销售成绩也不一样。所以说销售员销售产品，首先销售的是自己，取得客户的信任，是最为关键的一步。而在乞丐心理模式下，只能遭到失败。

销售经理张成具有丰富的产品知识，对客户的需求很了解。在拜访客户以前，他总是先掌握客户的一些基本资料。他常常以打电话的方式先和客户约定拜访时间。

比如在星期四，下午4点刚过，他就会精神抖擞地走进办公室。他今年35岁，身高175厘米，深蓝色的西装上看不到一丝的皱褶，浑身上下充满朝气。

从上午7点开始，他便开始了一天的工作。除了吃饭的时间，他始终没有闲过。他5点半有一个约会。为了利用4点至5点半这段时间，他便打电话，和客户约定拜访时间，以便为下星期的销售拜访提前做好安排。

打完电话，他会拿出数十张卡片，卡片上记载着客户的姓名、职业、地址、电话号码资料以及资料的来源。卡片上的客户都居住在市内东南方的商业区内。

他选择客户的标准包括客户的年收入、职业、年龄、生活方式和嗜好。

他的客户来源有三种：一是现有的客户提供的新客户；二是从报刊上的人物报道中收集的客户；三是从职业分类上寻找的客户。

在拜访客户之前，他一定要先弄清楚客户的姓名。例如，想拜访某公司的执行副总裁，但不知道他的姓名，张成会打电话到该公司，向总机人员或公关人员请教副总裁的姓名。知道了姓名以后，他才进行下一步的销售活动。

他拜访客户是有计划的。他把一天当中所要拜访的客户都选定在某一区域之内，这样可以减少来回奔波的时间。根据张成的经验，利用 45 分钟的时间做拜访前的电话联系，即可在某一区域内选定足够的客户供一天拜访之用。

他利用不去拜访客户的时间，做联系客户、约定拜访时间的工作。同时，他也利用这个时间整理客户的资料。

张成对产品有深入的了解，并且能在客户面前适当地表达出来，也能够从容应付客户的质疑。这主要得益于他事前做了许多有益的准备工作。每一位优秀的销售员都应做这种事前准备工作，而这种事前准备工作所花的时间往往不会太长。如果不做事前准备而贸然拜访客户，不但浪费了客户的时间，也使客户产生一种被轻视的感觉，从而破坏彼此的关系。

IBM 的销售员在正式面对客户以前都要接受为期 1 年的专业训练，包括教室里的讲课和模拟训练。IBM 公司要为每一位业务代表选择一个行业作为深入了解的对象，然后彻底了解行业上的需求并予以满足。例如，有的业务代表专精于银行，有的专精于零售业。这样，业务代表才能确切地了解行业上的特殊问题而使电脑的销售更为顺利。

挨家挨户叫卖的时代已经过去。销售员在工作的时候，对客户的行业最好能有所了解。这样，才能以客户的语言和客户交谈，拉近与客户的距离，使客户的困难或需要立刻被觉察而得到解决，这是一种帮助客户解决问题的销售方式。

树立正确的金钱观

在当今社会，金钱并不能解决人类社会所有的问题，而不用钱就能解决的问题也是很少的。虽然"销售员以资金的回收而结束"，但是无论是阳光初照的黎明，还是日落西斜的黄昏，作为与金钱结下不解之缘的销售员来说，对待金钱的态度才是最为重要。

那么，销售员应当怎样看待金钱呢？

1. 自费投资

在日本棋院统一围棋界以前，方元社的岩崎健次郎在壮年时，曾向大师本因坊秀微学棋。据说，尽管事先讲定每次付两毛钱（日元）学费，但他又送上额外的5日元作为酬金。本因坊秀微诚恳地劝告："岩崎君，可别太勉强了。""由于两三毛钱的学费使我感受不到失去的痛苦，反而容易产生疏忽感而不往心里去。这贫穷中得来的5日元谢礼，实际上是我一个月的工资，现在花在一盘棋上了。因此对我来说，这是非常认真的比赛。所以，与其花一毛钱下50盘棋不如用5日元去下一盘棋。"说着，岩崎君掏出5日元。

销售员每天都在与对手进行着激烈的竞争。要战胜对手，精力、体力、智力缺一不可。因此，平时就要舍得为自己掏腰包，进行自我投资。最好能每月拿出一定数额的钱作为读书学习的费用，或者自费参加培训班的学习。正如岩崎健次郎要使自己感受到痛苦那样，重要的是抓住机会提高自己。

2. 锻炼毅力

东京文明堂建立初期，宫崎芭左卫门老先生曾讲过："要得到金钱，最重要的是要有毅力。"富士银行的创始人安田善次郎老先生也曾说："对自力更生积蓄 1 000 日元的人，根据情况就可以信任他，可以借给他 10 000 日元。"虽然得到金钱首先要储蓄，但重要的是毅力问题。

对于销售员来说，不应总是关心自己今天赚了多少钱，而应当通过锻炼来提高自己的毅力。有了坚定的毅力，不愁赚不到钱。

3. 小额存款与中额、巨额存款

昔日，把相当于 3 个月的工资称为小额存款，1 年工资称为中额存款，3 年的称为巨额存款。最初为存够相当于 3 个月工资的存款而努力，一旦有了小笔存款后接着就产生了要有中额存款的欲望，不久便取得了巨额的硕果。

对于一个连小笔存款都没有的销售员来说，长期的吝啬欲望就会与不稳定心理交织在一起。孟子曾说过："民之为道也，有恒产者有恒心，无恒产者无恒心。"没有一定的财产，就不能确保安稳的情绪。作为销售员尤其如此。

已取得明显业绩的销售员最后惨遭败绩的原因大都源于金钱。无论如何，正因为与金钱有切不开斩不断的关系，所以，为了自己的前程，销售员应最避讳的便是一心只想着金钱。

像销售冠军一样思考

对于销售新人来说，虽然不具备销售冠军那样的非凡业绩和高超手段，但是可以学习他们的思考方式，普通的销售员只要稍稍改变一下思维方式，就有可能成长为销售冠军。联系以下几种思考方式，会使你的大脑变得和销售冠军一样的灵活。

1. 学会联想

比如，当你不了解你思想的丰富程度，你可以联想一座花园。你的念头是像野草一样生长的还是精心培育的？它结出什么样的果实？是否还散发各种芳香？土壤是否肥沃，是否需要一次施肥？也许是该去看一场电影，一次旅行，或者与陌生人进行一次谈话？

2. 经常保持好奇心

有一幅漫画，两只狗在看一部猫的电影。一只狗闭上眼睛，一只狗则把所有的猫都当成狗。这说明，对自己不了解的领域，人们总是不由自主地关闭，或者用偏见解释。面对异族的文化、智慧，不熟悉的行业、技艺，你会怎么反应？你会尽力熟悉它，还是扭头便跑？你是否会尝试在你和不熟悉的事物间搭起一座桥？如果你对某事充满好奇，请你标上一颗彩色的心，否则，就标上一颗黑色的心。

3. 敲碎大脑中的隔板

让你的大脑成为一间敞亮的大开间！我是老板，为什么不能亲临街头卖货，或联系一项微不足道的业务呢？对方有可能会拒绝我，我为什么不能试一试，对拒绝者说声"没关系"呢？我为什么不可以搞一项小发明，并去登记专利呢？人们总是面临"一般都这样"的选择，为什么不选择创新而让每天闪现出来的思考的火花白白流走呢？在这个世界上，没有任何更保险的事，任何可能出错的事情都会出错。只要打破一层隔板，就能架起一座沟通的桥梁。

4. 让自己进入角色

找一本小说，自己扮演其中的主角，看看你的另外一种命运。在一篇动人的通讯报道里，试着成为见证人和采访者。在记者漏写的地方，你试着去描述。去博物馆，站在巨大的恐龙遗骸前或神像前，尝试着成为恐龙或雕塑。你还可以去动物园，体会动物的生活。

有一位著名的细胞神经学家，他说自己在工作时，仿佛变成了一个神经病，感知着神经之间神秘的联系。这种角色使他发现了许多别人未曾发现的秘密。

5. 挑战最后期限

有一位著名的专栏评论家，他的作品都是在"逼迫"中写成的。"就像有枪指着我的脑袋一样"，他说，他经常是发稿前的头天晚上在奋力敲键。他总是希望有更充裕的时间来周到地思考，没想到当这样做时都文思干涩。原来他就是这样一种生物，在某个温度上别人要濒临死亡，却是他最活跃的时候。他最好的文章产生于这样的时候，常常因为压力，文思泉涌，妙笔生花。人类天生具有应激力，仿佛置之死地而后生，天才的思考会在这时不期而降。

6. 随时随地学习

销售冠军懂得在毫不相干的时候学习想要的东西。一个优秀的汽车设计师，在陪孩子到动物园的时候，也自然地联想到汽车。他看到沿途的风景，产生了自由和原野的念头。一只漂亮的大鸟划过他的视野，鸟的姿态、叫声和色彩让他激动不已，他迅速描绘下这只鸟，把写意形象融入了他的汽车设计中，并获得了设计大奖。带上一个小小的笔记本，参观、旅行、购物和散步，不管你看到的有趣的东西是否能立即派上用场，要不断地记下来。

7. 跨越人生的灰色区

所有成功者都发现，在最困难的时候，他们都有过放弃的念头。只要是坚持下来的，都庆幸没有半途而废。你当然不可能只是遇到好运气。在进入倒霉的灰色区时，爱迪生曾经说过："如果世上有运气这么一个东西，那么，我一定就是世上最没运气的人。我一生都没有碰到任何走运的事情。我希望努力得到自己需要的东西时，就开始发现这个世界上我不需要的一些东西———一件接着一件的倒霉事。我发现了99件我不想要的东西，而最后一件，也就是我一直在寻找的东西。"正确的态度，会让你的灰色区充满希望。

把销售视为一种行动

　　只要行动，必能有所改变；只要行动，必能有所收获；只要行动，必能有所学习、成长。行动能使人更坚强。

　　要想成为一个出色的销售员，成天在家里或办公室里想着要如何开拓客户，如何说服他们，如何成交是没有用的。因此，想要成功，必须采取行动，也就是走出去，去寻找你的客户。不论是突然造访还是预先联系好的，头一次拿着别的客户的介绍信前去拜访时，总会感到紧张。为了不使这个难得的访问机会轻易失败，就必须拿出最好的表现，使客户对自己有好感。同时，还得尽量把自己的缺点隐藏起来，切勿暴露在客户面前，以免影响整个大局。平素不善于交际，不大会说话的人，此时为赢得客户的好感，也要设法开口；平常话太多，以致惹人生厌的人，此时就必须收敛些，以免客户不耐烦。总而言之，在销售商品之前，必须先销售自己，此为商场竞争必备的信念与原则。

　　相对地，客户在初次接见前来访问的销售员时，其内心的紧张情形也是一样的，唯恐来访者知道得太多，而视其一文不值，瞧不起他。总之，双方在初次见面时，彼此为保护自己的利益，都有一种言不由衷的心态。

　　在解除首次会面的紧张尴尬状态后，销售员才能安下心来，仔细揣度客户的人品性格，之后才会略有所得。此时，他又会联想到客户对自己的印象究竟如何？假如客户对自己的游说，产生了兴趣，或许也会对所销售的商品深表信任。基于此种信心，他便每天先到这家公司拜访，或以电话不断联系，以期生意能够谈成。此种热诚的销售态度，是值得欣赏的。或许在这三四次与客户接洽后，彼此会建立起亲密的关系，有的人觉得这种关系能帮助销售员顺利推进，但有的人虎头蛇尾，只图有好的开始，而无法善终。

有一位著名的建筑设计事务所所长曾说过：

"在我经营的事务所里，曾有好多人拿着介绍信跑来，想要销售建筑方面的材料，例如，瓷砖、壁纸、装潢用品、电工器材和油漆等，我为了多了解一些销售方面的情形，所以凡来求见者，一概都不答应。在这些销售员所提供的产品中，固然不乏品质优秀、价廉物美的商品，而且几乎可以立刻成交。可是，在初次见面时，我绝不轻易点头，必须等到见面两三次后，我才能大概了解那些人的品性如何，是否值得信赖。等到第四次见面后，其态度依然亲切诚恳而无不耐烦的人，我才愿意与他交往。我发现许多会察言观色的人，往往在第二次见面时，就已经了解我的个性，懂得我的喜好与兴趣所在。此种试探销售的方法确实能得到值得信赖的产品。"

由以上这段话看来，身为销售员，态度一定要诚恳，而且必须持之以恒，切勿虎头蛇尾，有始无终。为了不断超越，销售员必须时刻提醒自己不要原地踏步，警示自己"越是在严苛的情况下，人越会变得坚强。"

深入研究本公司产品

对一个专业的销售人员来说，产品的更新速度快、公司培训跟不上等等借口都不应该阻止你去掌握你所销售产品的知识。任何工作都一样，你只有努力去钻研和学习，才能掌握比他人更多的知识，你的工作才能更出色。对你来说，客户是通过你来了解产品知识的，你如果不精通，又如何能够解决客户的疑问呢？

应从以下两个方面钻研产品的知识。

1. 研究产品的基本知识

（1）产品名称；

（2）物理特性，包括原材料、质地、规格、美感、颜色和包装；

（3）产品功能；

（4）技术含量，产品所采用的技术特征；

（5）主要部件的质量；

（6）生产过程及生产工艺技术；

（7）产品的规格型号等；

（8）产品的使用，产品的维修与保养；

（9）产品的售后保证措施等；

（10）产品价格和付款方式；

（11）运输方式。

当消费者询问产品的基本构成情况时，销售人员不必急于向消费者发出销售进攻，因为消费者此时只是想了解更多的基本信息，而不想迅速做出决定。此时，如果销售人员表现得过于急功近利，反而会引起消费者的反感，这将不利于彼此之间的进一步沟通。

所以，在分析产品的基本构成情况时，销售人员的表现更应该像一个专业而沉稳的工程师，应该客观冷静地向消费者表明产品的构成、技术特征、目前的技术水平在业界的地位，等等。当然，此时销售人员介绍产品的语言一定要力求简洁明朗，而不要向消费者卖弄难以理解的专业术语。

此时，销售人员对产品的基本构成分析得越是全面和深入，表现得越是从容镇定，给消费者留下的印象就越是专业和可靠。建立在这一基础之上的客户沟通就会比喋喋不休地对产品进行华而不实的宣传顺畅得多。

2. 掌握产品的诉求重点

（1）产品的品牌价值。随着品牌意识的普及和提高，对于很多领域内的产品，消费者都比过去更加注重产品的品牌知名度等。

（2）性价比。这是理智的消费者购买产品时考虑的一个重要因素，在购买某些价格相对较高的产品时，消费者对这一因素的考虑将更加深入，会与同类产品的品质进行相互的比较。

（3）产品的服务特征。产品的售后服务已经越来越受到人们的普遍关注，可是产品的服务绝不仅仅指售后服务，还应该包括销售前的服务和销售过程中的服务。

（4）产品的特殊优势。比如产品蕴含的某种新型科技含量、在新功能上的创新等。你要很清楚这种优势，这是你产品的价值，这一点很重要。

（5）独特的卖点

即独一无二的部分，你要熟悉。如果你不熟悉这些，你卖的时候肯定没有力度。既然是独特的卖点，那必定是别人不可替代、不可复制、独一无二的，同时又是客户需要的，这需要向客户脑海里重复地输入。

（6）产品的差异性

永远不要讲竞争对手的坏话，但永远要讲你与竞争对手的差别。这个差别是什么？

所有的消费者在购买产品时都会关注产品为自己带来的价值，没有价值的产品，消费者是不会考虑购买的。所以，销售人员必须站在客户的立场上，深入挖掘自己所销售的产品到底能为客户提供什么样的价值，以及多大的价值等。如果销售人员本身都弄不清楚产品的实际价值，那么消费者自然不会对这样的产品抱有任何信心。

深究产品的价值取向

产品的价值取向是指产品能给客户所带来的价值。构成产品使用价值的因素有以下几个方面。

1. 产品名称

一个好的产品名称能吸引客户的眼球，给客户一种赏心悦目的感觉。大多数客户是通过销售员的表述获得产品的名称的。虽然销售员不能选择产品的名称，但如何将产品的名称通过诠释表现出它自身的优势和亲和力，是销售技巧所在。

2. 产品的形象

在众多的产品中，产品的形象、市场占有率处于有利的地位，这是促使客户购买的重要因素，也就是常说的打造产品的品牌。

3. 功效比

产品在功效上（或其他方面）表现出的与众不同之处，这就是客户购买的直接原因。如手机配有摄像功能，可以拍摄高清晰画面。

4. 价格性能比

通过产品说明书的性能参数可以确定产品的性能。价格性能比是客户确定是否购买的依据。

5. 服务

提起服务，大多数人会认为是售后服务，其实服务是指整个销售过程中给客户带来的信心和方便，能让客户在购买的过程中得到一种享受，而不是单纯的交易行为。当然，售后服务也不能忽视。

总之，客户购买产品的根本行为是由产品价值的综合取向决定的，而不是因为一两个方面。不同客户的购买动机都有不同，真正促使客户购买的因素是产品带给客户的利益。只有综合价值的某一方面或多方面能够满足客户的需求，客户才会购买此种产品。

不断了解产品的相关动态

销售人员对产品相关知识的掌握其实是一个动态的过程，销售人员必须要不断地取得和商品相关的各种信息，并且学会从积累的各种信息中筛选出商品对客户的最大效用，从而最大限度地满足客户的需求。

销售员要对所推销产品的品种、规格、性能、结构、用途、用法、价格和维修保养等都比较了解，并能亲自动手操作，进行示范表演，最好还会一些修理和排除故障的工作。

某些类型的产品，如电子、电器类产品的更新速度非常快，但是由于太忙，以及公司教得不仔细等等理由，使多数销售人员无法专精于自己销售的产品。

对于一位销售人员，把这些当成理由，都可说是不合格的。任何种类的工作都一样，想要专精，都要靠自己的意志力以及努力去学习，才能使其成为自己的东西。你专精的商品知识不是替公司学习，而是为你自己学习，因为你的工作是透过你的商品知识给客户利益，协助客户解决问题。因此，你必须刻意地、主动地、从更广泛的角度专精于你的商品知识。只有详细了解产品，产品蕴含的价值才能通过你自己的销售技巧体现出来。

全面掌握公司的情况

有些推销人员认为，客户购买的是产品，又不是公司，所以总是忽略对公司相关情况的了解。其实，对于客户来说，销售员代表的就是公司，如果销售员对有关自己公司的问题不能迅速做出明确的回答，那就很容易给客户留下"这个公司的影响力不够大"或者"公司名声可能不太好"等印象。

为此，销售人员应该对公司的具体情况加以必要地了解，比如应该了解公司的长远发展目标或未来发展方向、公司最近的某些重大举措及其意义、发展历史、规模、经营方针、经营特点及在同行业中的地位、过去取得的重大成绩、公司主要管理人员的姓名等，时时处处注意宣传和维护企业的形象。

熟悉行业情况，尤其是竞争对手的各种信息

开放市场中，每一个企业都有竞争对手，客户同样也已经注意到了日趋严重的产品同质化现象——越来越多品种的同类产品，而客户购买产品，势必要货比三家。作为销售人员，我们要具有丰富的行业知识，以解答客户的疑问，消除客户的疑虑。

其实，了解竞争对手的相关信息，不仅是应付客户提问的需要，也是销售人员更全面地把握本企业产品的需要。如果没有与竞争对手各项情况的比较，销售人员就无法明确本企业产品的竞争优势，从而也无法向消费者传递出最有效的产品价值特点。

韩国一家洗车机企业的销售总监李广，有一次，亲自接待一位来自东北的省级大客户，这位客户准备在东北地区独家经销李广的产品。对方是有备而来的，一落座就摆出一副咄咄逼人的架势："你的产品为什么售价一台 2 万元，而市场上国产的同类产品才售价 8 000 元？凭什么说你们的产品节水，比用水洗车的机器好在哪里？这么贵的产品，而且是新的工作原理，怎么才能把它销售出去？"

对于他的问题，李广已经做好了充分的准备："产品售价高，第一在于它非常节水，是市面上最节水的洗车机，洗一辆汽车只需要一杯水，刚刚出台的关于限制洗车用水的法规，使节水已成为大势所趋。第二在于它的主要零部件全部由德国、日本制造，精密的零部件可以使设备的寿命长达 7 年，比国产同类设备长两倍左右。此外，国家对下岗职工从事环保产业，有相应的政策和资金的支持，我们可以请银行来做贷款项目，让下岗职工通过分期付款购买我们的产品。张老板，您看还有什么疑问吗？"

在李广的回答里面，不仅包含了对竞争对手的分析和国家政策的掌控，而且提出了产品销售的思路。在正式签约之后，这位客户一次就购买了 100 台洗车机。

尽可能多地去熟悉对手

对一个销售员来说熟悉自己所销售的产品，这是最基本的条件，此外，销售员还须了解竞争者的产品与活动。作为一个销售员，不仅要知道本企业的资源与实力，了解目标市场上客户的需要，而且还必须知道竞争者的实力和战略。从世界范围来看，市场竞争日趋

激烈，特别是 1970 年以来，各行各业都面临激烈的竞争。销售工作
要想取得胜利，销售员必须随时注意分析竞争者的动向，掌握竞争
市场的态势，据以制定竞争性销售策略。销售员要经常把自己的战略、
策略与竞争者相比较，从中发现潜在的有利因素与不利因素，预测
发展变化趋势，从而使自己的销售策略与销售环境保持协调和适应。

销售员销售的产品，无论是好几百家公司都可以生产的产品，
如印刷业产品和保险业产品，还是属于高度集中的行业，即只有少
数几家公司能够垄断生产的产品，如钢铁制造业产品和有色金属冶
炼业产品，都会遇到竞争对手，竞争是不可避免的。而且你要知道，
每一种产品都有可能被别的产品替代。所以，作为一个有效率的、
有创造性的销售员，必须了解有关竞争者的状况。

为了有效地分析竞争者，首先要知道谁是自己的主要竞争对手，
然后分析判断他们的目标和策略，他们的优势和弱点以及他们对竞
争的反应模式等等。但是你要知道，要想了解所有竞争者公司、产
品和商业活动的详细情况，几乎是不可能的事。你必须了解的是，
竞争者的产品与活动中某些可能已经成为他们销售重点的显著因素。
下面我们列举出几个比较重要的因素：

（1）竞争者的销售员和他的经历。

（2）竞争者的价格和信用政策。

（3）竞争者的销售策略。

（4）竞争产品或服务有哪些优缺点。

（5）竞争者在一致性的品质管制、交货日期履行承诺以及服务
等方面的可靠度。

（6）有关型号、色彩以及其他特殊规格等竞争项目的应变能力。

（7）竞争厂商在销售量、商业信誉、财务的健全程度以及发展
研究活动上的相对地位。

（8）竞争者的未来发展计划。

像研究自己一样研究客户

如果你下决心从事销售工作，那么首先必须真心关心客户的问题、想法和需要。这点可能并没有得到普遍的认识，但是作为一名销售员，就需要比别人更深入地了解客户的内心世界。

作为一名销售员，面对的是目标客户真正的欲望和动机，因为当客户买一件商品的时候不仅体现了他此刻的需要，而且从这件商品上，我们还能够了解到对方属于哪种类型的人。

但只是认识是不够的，聪明的销售员还必须知道如何利用，即什么时候应该忽视，什么时候应该丢弃这些动机。只有在销售中同时考虑到这些问题、特征和需要的销售员才能真正获得成功。

销售员最好的一个工作办法是为你的客户做一些额外的小事情，要想感动客户，就必须先要感动自己。一个好的销售员就是一个好的演员，你必须随时了解什么是观众需要看的，在什么时候想要看什么。这就要求销售员能够像研究自己一样去研究客户，时刻站在客户的角度上去考虑问题。你必须要知道每个人的目的，每个人的个性和动机，也应该知道自己正在与哪种类型的人打交道，这种人都有什么嗜好，他的个人背景是怎样的，他对你产品的兴趣有多大，他是不是渴望第二次见到你，等等，除非这些问题都能得到很好的回答，否则你最好放弃这笔生意。

除非购买者发现自己真的买到了好产品，否则这就不是一次成功的销售。从某种意义上说，销售员和客户是两个互相依赖的人，每个人都有对方需要的东西，也都必须努力满足对方的需求。

销售的艺术可以表现得很狭窄也可以表现得很广泛。像其他任何行为一样，冷漠和缺乏想象力都会限制销售员的个性和表现，而且每种限制都是致命的。

其实，一个真正的销售员，无论他在哪里，无论他去哪里，总是会对自己说："这里有我的工作。"销售员无论在个人生活、城市还是国家中都占有非常重要的地位。优秀的销售员能够发现并且认识到这点。

如果一名销售员能够将哲学引入销售之中，如果他能够对自己说，他和同行们正在为了满足现在和将来的需求而努力工作；如果他能够对自己说，成千上万的销售员们为了满足这些或大或小的、或重要或不重要的需求做出了巨大的贡献——如果他能够认识到这些，他将会拥有更多的成功和快乐，也将获得更大的回报。

一个成功的销售员理解谦虚的真谛，他们往往是一些勤奋工作、诚实可信的人，而且坚信自己从事的工作就是提供服务而且是很有意义的。其实他们所有的这些品质都是良好的人际关系的基础，它们会无形地存在于成功的销售之中。

拓宽信息渠道

掌握更多的客户信息可以使销售员在销售过程中更好地驾驭客户，对客户提出的问题得心应手，掌握的信息多了，沟通起来共同点也就多了，这样与客户的关系也会在沟通中不断密切起来，有了感情做基础，生意谈起来也更加容易了。那么销售员应该怎样收集信息呢？

第一，销售前多打听

在实际销售期间，隐瞒真正利益、需要和优先事项常常是一方或共同的策略。采取这一策略的理论基础是因为信息就是权力，尤其是在销售员不能完全摸清对方的情况下。举个简单的例子，人们买衣服时，即使对某件衣服有很大的兴趣，也不会马上表现出来，而是表现出漫不经心、可买可不买的样子。认为如果被销售员知道了，价格就很难讲下来。因此说，如果销售员能知道对方的真正需要和他们的极限与截止期，销售员就会占很大优势。而这些信息要想在销售进行期间从圆滑的对方嘴里获取，则是难上加难。

第二，打听要显出心神不安和毫无戒心

有些人认为对人越施恐吓或越显得滴水不漏，别人就越能告诉自己真实的东西。其实正好相反，销售员应该多听少说，宁问勿答，还要多问些自己已经知道答案的问题，因为这样可以检验说话人的可信度。另外，销售员越显得无知，越能得到帮助，越能得到更多的信息和建议。

第三，向同销售对手有关系的人收集信息

向同销售对手一块工作的或为他工作的人，或是跟他交往过的人包括秘书、职员、工程师、门房、配偶及以往的客户收集信息是非常可靠的。现实中，跟对方的有关人员直接接触几乎是不可能的，在这种情况下，销售员就得通过第三方，利用电话询问，或者找以前跟对方谈过生意的人了解，每个人都有成功之处，销售员可以学习他们的成功经验。

第四，向对方的竞争者收集信息

通过对方的竞争者，销售员可以了解到有关成本费用等信息。作为买方，当知道卖方的成本费用后，就能在销售价格上占很大优势。这种信息可以从出版物，包括政府的和私人的刊物中获取。销售中的沟通层次有两种：一是直接摊在桌面上的信息；二是间接、通过非正式渠道传达的信息。非正式渠道获得的信息是非常必要的。因为，一方面，买方必须表现得很强硬才能满足创建这一方对他的期望；另一方面，买方必须在对手面前表现得温文尔雅，对方才愿意在协议上签字。这种双向的矛盾，使买卖双方都很难为，不过，这种难言之隐也使得双方因处境接近而拉近了距离。不是所有该说、想说的话都可以在谈判桌上明说，因此，通过非正式渠道沟通信息，或许能使双方的冲突降低。如果某个问题通过非正式渠道向对方表达而不为对方接受，那陈述问题的一方也不会感到有失颜面。但如果意见在正式场合提出而遭拒绝的话，这样会大大损伤双方的谈判情绪。

收集信息有一定的技巧和方法，销售员要想获得更多准确的信息，就必须做到以下几点：

第一，多用心看。就是培养销售员敏锐的信息洞察力。信息工作是一项涉及面广、知识性和政策性很强的工作，人们每天都可以接收到大量的信息资料，但人们不可能把所有的信息全部接受。面对错综复杂的信息，只能细心地观察，透过现象看本质，拨开迷雾抓要害，通过敏锐的观察力来捕捉各种能为销售决策提供依据和参考的信息。要真正做到，不为繁杂的信息所困扰，不被万变的现象所迷惑。

第二，善于思考。就是培养销售员灵活的信息收集和捕捉能力。销售员不应该只被动地接受和利用从现实生活中所反映出的情况，应该主动地、广泛地收集和捕捉信息。在捕捉信息的过程中，经过思考、加工，筛选出有价值的信息。那么，销售员应该怎么做呢？

（1）站在领导的位置上思考。预测到销售决策的需要，就应该主动地对各种信息进行比较，通过比较才能对原始的、零星的信息进行分析、归类，由小到大，由低到高，由点到面，整理出完整的信息。

（2）信息内容要立足于新。不保留人人都知道的陈旧信息，删除不真实的信息，对一些有疑惑但有价值的信息，结合情况进行查清补充。

（3）角度上要突出特色。包括工作特色、经济特色、区域特色等，形成特色性信息，只有具备了捕捉信息的意识，才可以通过不同渠道、不同层次、不同方法、不同人员猎取到各种有用的信息。只要处处留心、认真分析，就能挖掘出潜在的有价值信息。

第三，要勤快。就是培养销售员准确地筛选、整理信息的能力。在接触到的信息资料中，很难马上分辨出哪些信息有用，哪些信息无用。各种纷繁复杂的信息常常混杂在一起，各种情况都可能出现，这就需要销售员熟练地对原始信息进行多次分析、认真识别和判断，去伪存真，去粗取精，从众多的一般信息中抓住最有价值的信息。建议大家，不妨从下面几点做些尝试：

（1）细致筛选。销售员要对信息资料加以分析，找出不全面的、牵强附会的信息，把不完整的信息进行补充说明，从真实性的角度进行分析检查，找出疑点，发现问题，把个别的、零碎的、不系统的信息过滤掉，使模糊度和多余度降到最低限度。

（2）准确整理。信息工作人员要经常对筛选过的信息资料进行有序的、系统的、综合性的融合，通过归纳、排序、分析研究等方法，提炼、推导出一些新的有价值的信息，使信息更加系统、精炼，具有较高的准确性和广泛的适用度，能够真正揭示和反映事物的内在联系和内在规律，以便成为销售决策的依据。

努力挖掘自己的潜能

如果说自信是销售成功最关键的一步，那么潜能在这个关键一步中的作用是显而易见的，甚至是最重要的，因为自信是挖掘自身潜能的第一步，一个人只有自信，才能更充分认识自己并不断发现自己。我们之所以提倡改造自己，有一个充分的理由就是自己本身潜能巨大，自身的力量远未被拓展、开发出来。

艾仑，一位已被医生确定为残疾的美国人，靠轮椅代步已30年，他的身体原本很健康，在越战中，被流弹打伤了背部的下半截，被送回美国治疗，经过治疗他虽然康复了，却无法行走。他整天坐轮椅，觉得此生已经完结，有时就借酒消愁。有一天，他从酒馆出来，照常坐轮椅回家，却碰上3个劫匪，动手抢他的钱包。他拼命呐喊，拼命反抗，却触怒了劫匪，他们竟然放火烧他的轮椅。轮椅突然着火，艾仑竟然忘记了自己的双腿不能行走，他拼命逃走，求生的欲望竟然使他一口气跑了一条街。事后，艾仑说："如果当时我不逃走必然被烧伤，甚至被烧死。我忘了一切，一跃而起，拼命往前走，以致停下脚步时，才发现自己会走动。"现在他已在纽约找到一份工作，且身体健康，与正常人一样。

我们每个人都有一座潜能金矿，蕴藏无穷，价值无比。但是，由于各种束缚，每个人的潜能从没得到淋漓尽致的发挥。只要发挥了足够的潜能，一个平凡的人也许也可以成就一番事业，也可以成为一个新的"爱因斯坦"。销售员一定要相信自己潜能无限！

人的才华就如海绵中的水，没有外力的挤压，它是绝对流不出来的。胆怯离你越近，成功离你越远。

寻找一切机会给自己"充电"

你应该知道，不管你多么精明能干，在商场上，随时都会有人准备取代你，这些人也许比你更加精明，更加斗志昂扬，在销售上也可能比你更有法子。因此你必须加以注意，细心观察，从他们那里学习到你没有的技巧、方法、方式，从他们那里得到重要的启发，改进你自己的工作方式。

"山外有山，楼外有楼"，切不可自以为是，认为别人都不如自己，那你可就要吃大亏了。你要知道，这些人无时无刻不在处心积虑地突破你过去的销售成绩，超越你的地位。这一事实，你必须牢记在心，不断鞭策自己虚心学习，加倍努力。

为了提高成交率，你的反应必须非常敏捷，对于任何问题，都必须了解其要领及重点，必须多方研究和学习。这样获得的知识更有助于你应付客户。拥有多方面的知识，可丰富交谈的话题，让彼此心情愉快。这种共识的基础也可以成为客户和销售员之间成交的跳板。因此，你应努力学习各种知识。为了了解各种客户的心理，你应该学习心理学；你还可以从公共关系学中吸取与人交往的知识和技巧；你还应该在社会学的范畴内，研究人的行为模式、习惯以及不同年龄反映在性格上的差异……你应该使自己成为一个知识全面的销售员，这会使你在销售时，在各种场合下，遇到各种人都能自信、从容、胸有成竹。

此外，别忘了向你自己学习，向你自己的成功学习宝贵的经验，向你自己的失败学习不可多得的教训。你可以将你所经历的最富代表性的销售事件记录成一个销售案例，对它加以研究，你会发现很多有用的东西；你还可以经常将你已经完成的某个销售事件拿来，放在脑子中，从前到后过一遍，保留令你满意的细节，将你不满的地方加以修改，使整个事件趋向完美；你还可以用一个案例作为蓝本，变化各种条件，制定不同的销售策略，这种"纸上谈兵"的办法有时的确能达到意想不到的效果。这就如同参加考试一样，你首先应该复习，在复习中把各种可能的情况都尽量考虑到，那样到考试时才能得心应手。而对销售员来讲，面对真正的客户就是一场考试，学习各种知识，就是这场考试的复习，复习得好才能考得好。

向客户学习

不管客户是谁，在什么场所销售，销售员都必须满怀信心地面对每一个客户，发挥自身的潜力。客户种种不满的情况，都是学习的好材料。这些将使销售员成为更精明、更杰出、更一流的销售员，因此，必须虚心而努力学习，"闭关自守"的销售员是不会成功的。所以，首先应该向客户学习，从客户的不满和疑问中，从客户的交易习惯和方式中，从客户的言谈举止中，学习自己认为有用的东西。

为了更好地向客户学习，应该建立起方便的聆听客户意见的渠道，当客户购买产品时，客户是支持这个产品的，但当产品出现问题的时候，当然不一定是质量问题，也有可能是一些关于产品的建议，当客户找不到或者很难找到渠道和厂家进行交流时，心中总会有点失落，就这一点而言建立网络平台是非常明智的做法。

善于向行业高手取经

进步最快速的方式就是跟行业第一学习。假如你要学篮球，为什么不让迈克尔·乔丹来教你？因为只有他知道如何成为迈克尔·乔丹，因为别人毕竟不是迈克尔·乔丹。假如他不能教你，谁能呢？

世界首富保罗·盖地石油大王出了一本书叫作《如何致富》，当时成为全美畅销书。为什么？因为他是全美首富，是世界首富，假如你想致富，世界首富没有办法教你如何致富，那谁可以呢？

销售高手博恩·崔西说："对销售我不感到畏惧，但是仅仅努力工作是不够的，有时候我打了好几百个电话也没有卖出任何东西。过去我常常挨家挨户跑写字楼进行推销，这样我能接触到更多的人，我很少让自己闲下来。

"直到有一天，我开始问自己：'为什么有的销售人员做得比别人成功？'我听说，在每一个领域，位于前20％的销售人员拥有80％的财富，位于前10％的销售人员则挣得更多。

"我找到公司销售做得最好的人，问他做了哪些与我不一样的事情，他告诉我如何提出问题、如何做销售陈述、如何回应别人的异议以及如何处理订单，后来我按照他教我的这些做，我的销售业绩很快提升了。

"每天早晨出门前，我开始花1—2个小时时间研究销售对象。我的销售业绩增长得更多了。然后，我听了很多音频节目，参加销售研讨会，从中学到了不少东西。我于是不断地听音频节目，参加任何一个我知道的研讨会，学习最好的销售人员多年来积累的成功经验与技巧，我的销售业绩随之不断提高。不到一年时间，我从挨家挨户推销，每星期做一两笔交易，到管理一个跨国的销售公司。其实我进步的秘诀很简单，那就是观察其他顶级销售人员是如何进行销售的，然后跟他们做同样的事情，这样我也能取得和他们一样好的成绩。这种方法很有效，很多人都曾尝试过，它同样也会对你很有效。"

能参加的培训一律参加

没有经过销售培训的人一般都很难成长为销售冠军。销售培训不仅能教给我们如何接触客户，如何向客户作产品展示及说明，如何处理客户异议，如何促成签单，而且能让我们学会分析不同性格客户的购买心理和特点，对症下药。

目前已拥有自己公司的李华刚对此就深有体会。他说："我的销售功底得益于从前在外企时完备的员工培训。现在，我公司的销售员每月都要集训，不仅他们个人的业务水平稳步提升，公司业务量也是直线上升。"

参加专业营销的研讨会和培训课程；请教其他人，他们所参加过的最有帮助的课程是什么；向你周围的人积极地寻找培训机会，如果需要的话，准备好到较远的地方接受培训。

博恩·崔西说："据我所知，很多顶级销售人员会乘飞机飞越成百上千英里去参加销售会议，而这些培训或会议对他们销售业绩的积极作用又是那样令人惊奇。我的人生，以及我所认识的许多拿高薪的专家们的人生，都曾经因为参加了某一个销售课程、销售训练营，或是销售研讨会而有了戏剧性的改变。有时候一个教程当中所包含的思想和策略，会将一个一贫如洗的人推向极为富有的行列。"

阅读你所在领域的书籍

不断地阅读你所在领域的书籍。每天早晨早早起床，读一个小时关于销售知识的书。将报纸放在一旁，关掉电视，读一本关于营销策略的好书，划出重点，并做笔记，找到你能立刻付诸实践的一个可行观点，在大脑中反复考虑这个主意。设想一下你将其运用到了销售活动中。然后，花一整天时间对你早晨所学到的销售策略进行实践。

有时人们会问我应该读什么样的书籍。答案很简单，开始的时候，请顶级的销售人员为你推荐几本书，几乎所有的顶级销售人员都有自己收集的一些营销书籍。市场上现有的营销方面的印刷品也种类繁多，根据你目前所处的层次，找一些相应的书籍来阅读，会对你的帮助很大。

李华刚，因为听过陈安之演讲说要多读书，于是晚上有空时就看书或上营销管理网站，《销售与市场》当时是他每期必读，他还按照书本上与自己相似的案例去模仿，运用到自己的工作中，这种看书的习惯保持了 5 年，并用 5 年的时间看完了 500 多本关于销售的书。这不仅为他的销售也为后来的成功创业打下了很好的基础。

某一领域一流的销售员，他每年的固定收入是 10 万美元，并且非常受他的老板及同事的尊重。他的老板督促他听崔西的视频课程——"销售心理学"。起初，他拒绝了老板的要求，他说自己不需要听这样的课。后来由于拗不过老板，他买了那套课程，想听一遍之后就退还回去。但是，在听过一次之后，他开始反复收听。那一年，通过实践这套课程中所讲的方法，他将个人收入提高了 7 万美元，而购买课程仅仅用了 70 美元。

不断汲取行业外的其他知识

除了向高手学习销售方面的知识外，还要学习产品知识，还要学习、接受行业外的其他知识，如文艺、体育、政治等等知识都应不断汲取。比如说：NBA 休斯顿火箭队最近胜负如何、姚明表现状态、皇马六大巨星状态如何、贝利是否加盟皇马等等，这些都是与客户聊天的素材。哪有那么多工作上的事情要谈，你不烦客户还烦呢。工作的事情几分钟就谈完了，谈完了怎么办，不能冷场啊，找话题，投其所好，他喜欢什么就和他聊什么。

培训师尚丰在营销培训之外，抓住机会与接受培训的老总谈企业管理、人才战略等话题，让客户对他刮目相看。他们说："我见过很多知名的培训师，他们的课讲得确实好，称得上是称职的培训师，但是，离开培训话题，就什么都不敢讲了。而尚老师您就不一样，我发现您不仅课讲得好，而且对企业管理、人才战略等营销之外的话题也非常有见地，真是不简单！"得到这样的评价是意料之中的事情，因为尚丰时时处处注意展现一名营销者的知识魅力。

这个小故事，是否带给大家一些启发呢？是的，当所有的销售人员都掌握了必需的专业知识后，胜出者往往会依靠别人所欠缺的知识来增加个人魅力。

每天进行自我反省

销售员的自我反省是非常重要的。不会反省的人只会像没头的苍蝇一样到处乱撞而没有任何意义。没有自省就没有提高，一直原地踏步，又怎么能成功呢？

从前，在一个不太出名的小山村，住着一户姓杨的人家，靠在村旁种一片田地过日子。这户人家有两个儿子，大儿子叫杨朱，小儿子叫杨广，两兄弟一边在家帮父母耕地、担水，一边勤读诗书。这兄弟两人都写得一手好字，交了一批诗文朋友。

有一天，弟弟杨广穿着一身白色干净的衣服兴致勃勃地出门访友。在快到朋友家的路上，不料天空突然下起雨来了，雨越下越大，杨广正走在前不着村、后不着店的山间小道上，只好硬着头皮顶着大雨跑到了朋友家。他们是经常在一起讨论诗词、评议字画的好朋友。杨广在朋友家脱掉了被雨水淋湿了的白色外衣，穿上了朋友的一身黑色外套。

朋友招待杨广吃过饭，两人又谈论了一会儿诗词，评议了一会儿前人的字画。他们越谈越投机，不觉天色已暗，杨广就把自己被雨水淋湿了的白色外衣晾在朋友家里，而自己就穿着朋友的一身黑色衣服回家。

雨后的山间小道虽然是湿的，但由于路面上小石子铺得多，没有淤积的烂泥。昏暗中，弯弯曲曲的山路还是明晰可辨。

他边走边沉浸在白天与朋友畅谈的快意里，不觉已到家门口。这时，杨广家的狗却不知道是自家主人回来了，从黑地里猛冲出来对他"汪汪"直叫。须臾，那狗又突然后腿站起、前腿向上，似乎要朝杨广扑过来。杨广被自家的狗这突如其来的狂吠声和它快要扑过来的动作吓了一跳，十分恼火，他马上停住脚向旁边闪了一下，愤怒地向狗大声吼道："瞎眼了，连我都不认识了！"于是顺手在门边抄起一根木棒要打那条狗。

哥哥杨朱听到了声音，立即从屋里出来，一边阻止杨广，一边唤住了正在狂叫的狗，并且说："你不要打它啊！你想想看，你白天穿着一身白色衣服出去，这么晚了，又换了一身黑色衣服回家，假若是你自己，一下子能辨得清吗？这能怪狗吗？"杨广不说什么了，冷静地反省了一会儿，觉得哥哥杨朱讲得有道理，事情的起因确实是自己。

静坐常思己过，失败了，出了问题了，首先要从自身找原因，是不是在面对客户时有做得不对的地方？不要把责任推给别人或者客观。如果不能发现自己的错误、不足和过失，推销时难免屡屡受挫。只有每天都对自己一天的工作进行自省，发现自己的销售缺陷，并加以改正，才能使自己不断得到提升。

做时间的主人

成也时间，败也时间。时间是最公平的，然而人却是千差万别，成功的人合理安排、利用时间取得成功，失败的人不懂时间的可贵只能徒叹光阴易逝。

时间是财富，应该规划好自己的时间，做时间的主人。下面是管理时间的几条方法。

第一，做好时间计划

将每一天分解成几个部分，做好时间计划，让拥有的每一时刻都去做富有成效的事情，这样才能充分有效地利用每一天。

给自己制定一份切实可行的日程表，并且严格执行日程表，是一个老牌销售员的基本素质。出门办事之前要尽量通过电话与办事单位进行交流，沟通情况，交换信息。打电话前要有所准备，列好要问的几大问题，通话时要直奔主题。脚踏出房间的最后一秒，审视一下自己要带的全部物件，看是否有遗漏。要学会限制时间，不仅是给自己，也是给别人。该离开时就要坚定不移地告诉对方。他的时间或许很充裕，但自己的时间绝对不是。避开高峰，避免在高峰期乘车、购物、进餐，这样可以节省许多时间。

不做"一分钱智慧几小时愚蠢"的事。为省一元钱而苦等非空调车，为省两毛钱而排半小时队等等，都是极不划算的。要有经营时间的概念，随时算算时间"成本"。

第二，把握二八原则

应该把精力用在最见成效的地方，所谓"好钢用在刀刃上"。

美国企业家威廉·穆尔在为格利登公司销售油漆时，头一个月仅挣了160美元。他仔细分析了自己的销售图表，发现他的80%收益来自20%的客户，但是他却对所有的客户花费了同样的时间。于是，他要求把他最不活跃的36个客户重新分派给其他销售员，而自己则把精力集中到最有希望的客户上。不久，他一个月就赚到了1 000美元。

穆尔从未放弃这一原则，这使他最终成为了凯利－穆尔油漆公司的主席。立即动手做，许多人常以"现在没心情"作为不做事的借口，即花费很多时间来"进入状态"，却不知状态是干出来而非等出来的。

第三，利用路上的时间

有时不是访问时间决定效率，而是用在路上的时间——上班路上的时间、从公司到达现场的时间以及往来客户之间的时间——影响了活动的效率。

上、下班时间，路上交通非常拥挤，这是有目共睹的事实，所以应尽量避免在此时去访问客户，如果非去不可，最好是绕道而行，如此才不至于在路上浪费太多的时间。

某一销售员早晨要去拜访两位客户，一个在城东，一个在城西，这当中浪费在路上的时间就很多了。所以聪明的销售员都善于安排自己的路线，尽量把在同一区域的客户集中在同一个时间段来拜访。

如果每天上班在路上需要 30 分钟，一周上班 5 天，50 个星期总共花在上班路上的时间是 250 个小时，等于每年花掉超过 6 个星期每天 8 小时的工作日。整整 6 个星期。

第四，提高拜访效率

注意，销售员的时间计划表上的所有事项并非同样重要，因此不应对它们一视同仁。如果在开始进行表上的工作时，未按照事情的轻重缓急来处理，就会导致成效不明显。标出急需处理事项的方法是：制成两张表格，一张是短期计划表，另一张是长期优先顺序表，然后按照重要的程度，在事项旁边加上标记，比如 a、b、c。在确定了应该做哪几件事之后，必须按它们的轻重缓急开始行动。

第五，劳逸结合

从生理学观点来看，人的全身是一个整体，各个部位之所以能和谐地运动，全靠中枢神经系统的调节。神经细胞活动时，消耗细胞内的物质；当它处于抑制状态时，能通过生化使细胞更生恢复，消化血液中带来的养分。如果兴奋状态持续下去，兴奋的物质得不到补偿，神经细胞就会死亡。因此神经细胞的工作能力具有一定的限度，有一个临界强度值。如果工作持续太久，超过了这个临界强度值，就会出现效率曲线的下滑。这时就应用其他的行为方式加以适当调节，才能保证工作的持久性和效率。因此，劳逸结合，适当休息显得十分重要。不能把休息仅仅理解为睡眠，休息还包括文娱体育活动、散步、旅游等有益身心的活动，锻炼身体是积极的休息。

第六，利用最佳时间

一个人在一天 24 小时中，精力各不相同，而不同的人又有差别。有的人早晨精力好；有的人可能晚上精力好；有的人凌晨起床后半小时最容易激发创新意识；有的人喜欢把重大问题放在早饭后考虑；有的人擅长连续思索，思绪高潮往往在连续思索开始后一小时左右出现。据统计，大约50％以上的人的能动性在一昼夜之内有显著变化。

其中17％的人早晨能动性强，33％的人在晚间能动性最强。我们把销售效率最高、能动性最强的那段时间称为最佳时间。猎豹懂得在能动性最强，也就是在最佳时间中追逐猎物。销售员更应该懂得这一点。

第七，提前休息

在疲劳之前休息片刻，既避免了因过度疲劳导致的超时休息，又可使自己始终保持较好的"竞技状态"，从而大大提高工作效率。搁置的哲学是指不要执著于解决不了的问题，可以把问题记下来，让潜意识和时间去解决它们。这就有点像踢足球，左路打不开，就试试右路，总之，尽量不要"钻牛角尖"。这也是很好的时间管理方法。

让时间更有价值

对待时间的态度很大程度上决定一个人获取财富的多少，一个珍惜时间的人，把时间都投资在有意义的事情上，自然能获取更多的财富。以下方法能让时间更有价值。

第一，充分利用等候时间

销售员访问客户时，也许客户恰好有事出去而不在家，这时不可以呆坐在椅子上无所事事，应该好好地利用这一段时间。此时，也不可以将精神松懈下来，必须时刻准备客户进来，做好马上能应答如流的准备。

第二，时间安排不要太紧

在时间计划上重要的一步是不要过分安排自己的事情。如果把一天的时间都安排的满满的，没有一点空闲，那么，一旦出现一种不可预料的危机或机遇该怎么办？是不是日程全部被打乱了？不要设法计划每天的每时每刻，销售员不能这样做，至少要尊重潜在客户的时间。如果对方迟到了，该怎么办？相应的是自己迟到了，又当如何？

日程安排本身不是一种结束，要允许有一定的灵活性，并在计划中体现出来。大多数有经验的销售员在制订计划时，只安排一天中 90% 的时间。时间计划新手应从一天的 70% 的时间开始做起，实践经验会使销售员很快达到专业的水平。计划就是例行公事，专业的销售员不会把这件事遗忘，它不是日常的一件琐事，它既是对令人兴奋的一天的总结，也是对更加令人兴奋的明天的展望。

第三，利用最好的工具

时间计划出来后，就知道了一天的时光该怎样度过了，那么现在开始工作。销售员应该在工作的地方安排业务。把电话号码、潜在客户的档案、参考材料及其他信息都放在身边，然后安安静静地利用 15 分钟的时间做个计划，用上时间计划、销售员的公文包和档案材料，开始组织一天的销售工作。销售员需要一个最有效的工具，许多是现成的，如手表与时间计划表等。找到一种感觉舒服的并且需要使用的计划工具，把计划工具放在容易取到的地方。

第四，抓住闲暇时间学习

毫无疑问，销售员比起其他工作人员拥有更多的闲暇时间，也许这就是有些人选择这一行当的最初原因。但怎么管理利用自己的闲暇时间，把这些时间变成既有效又快乐，即使工作能力不断得到提高，又能享受闲暇的幸福，并不是一件容易的事。可以明确一个观念，销售员有权享受闲暇，享受财富与闲暇带来的幸福。在休息日，完全可以跟家人与朋友在一起，无论是去旅游还是去饭店撮一顿，都是正当行为。但一般地说，销售工作不可能干一辈子，有一天，销售员会被要求，或者主动要求干点别的事情，以现在的知识储备，要胜任别的工作，恐怕还是会有一些困难，因此，销售员应该利用闲暇时间进行学习。

树立有挑战性的、能够达到的目标

一个人活在这个世界上如果没有奋斗目标，便犹如没有舵的孤舟在大海中漂泊。没有舵的孤舟，无论怎样奋力航行、击风破浪，终究无法达到彼岸。

一个人没有人生的目标是可怕的，这并不是说别人有多么可怕，而是没有目标的人本身就很可怕。卡耐基曾说："毫无目标比有坏的目标更坏。"因为没有目标并不是这人无所事事，而是这人很可能无所作为。

要想成为成功的人，必须先有明确的人生目标。没有人生目标，也就没有具体的行动计划；没有行动计划，做事就会敷衍了事、临时凑合，也就没有责任感，更谈不上什么意志坚强、斗志昂扬了。没有目标，什么才能和努力都是白费的。

大学生在谈及高中时代的学习生活时，都对那时吃的"苦"发出万般感慨，但那时却并未觉得很苦，因为心中有着明确的目标——"考大学"；相反，还觉得那时过得既实在又快乐。考上大学后，部分学生又为自己定下"考研究生"的目标。然而，也有为数不少的学生没有目标，他们得过且过，看似轻松，却缺少年轻人应有的蓬勃向上的朝气，这部分学生总是时常追忆高中时代的那份充实感和快乐。其实，他们只要再为自己定下目标，无论什么样的目标，他们都能找回那份感觉。

业务员作为公司的一线人物更应该有自己的奋斗目标。应该为每一天、每个星期、每个月、每一年，甚至你的一生确定目标。正像种子需要有雨水的滋润才能破土而出，你的生命也需有目标方能结出硕果。在制定目标时，不妨参考过去的最好成绩，并使其发扬光大。永远不要担心你的目标过高，因为"取法乎上，得其中也；取法乎中，得其下也。"

著名业务员乔·坎多尔弗在谈及这一点时说："作为一名业务员，你必须为自己建立能够达到的实际目标。当你达到了这些目标，就把目标再提升一点，并再努力达到。如果你仅仅建立长期目标，而没有建立相应的中短期目标，则长期目标就会变得遥遥无期，甚至难以达到，从而使你泄气，只得撒手作罢。比之于为某些重要但长远的目标进行艰苦卓绝的苦斗，我认为，一系列小小的胜利也极富有现实意义——运用这种方法，你就能达到长期目标。"这是坎多尔弗的成功经验，他自己就是这样做的，"数十年来，我为自己制定和提出日推销目标和周推销目标，这些短期的目标使我有能力完成我的长期目标。我所要达到的就是每周一定的推销量。我不认为推销量的高低与你使用的计划系统有什么必然的联系，但绝对肯定的是，你必须建立若干目标并且有达到这些目标的计划。确定了推销目标就会给你指明方向，并帮助你监督计划方案实施情况，使你取得成效。"

把大目标分成若干小目标

心理学家做过这样一个实验：把一些从未割过麦子的学生分为

两组，让其中一组从麦地的东头开始割，另一组从西头开始。这块麦地很大，一眼看不到尽头，在麦地的中间插着一杆红旗，看哪个队先割到那儿。心理学家在其中一组的前面，每隔三米就插上一面绿旗，在另一组前面什么也没有放上。比赛结果正如心理学家所预料的那样，前一组获得了胜利。之所以前一组获胜，是因为这一组的大目标被分成了可望又可及且极易达到的小目标。

小目标的完成就是一次小小的成功，而自信心正是通过一系列大大小小的成功逐渐获得的。一位马拉松赛跑的老牌选手对人说："跑完 42.195 公里的长距离是很艰苦的事。为了缓和心里的痛苦，我通常在事先看看全程情形，比如，跑到某大楼、某座桥时是几公里，然后自己先把全程分成几个终点。当跑完一个终点时，心情就放松一些。我就是以这种方法跑完全程，并创造新纪录的。"

把大目标分成若干小目标，这是实现大目标的一种相当有效的方法。

曾经有一位雄心勃勃的青年女子向著名业务员乔·坎多尔弗请求指导，那女子刚刚踏入股票经纪人的行列，她说："我打算在两年内成为公司首屈一指的业务员。"

坎多尔弗没有对她进行长篇大论的指导，只是向她表示，对她来说明智的做法是先设立若干短期目标。他建议说："为什么你不去设立一些切实可行的目标，像每周给素不相识的顾客打 100 个电话？"稍作停顿，他又说道："这些电话的目标就是瞄准 5 名顾客。现在，如果你一天获得一个新顾客，以正确的方式与他们进行电话联系，并以你满意的顾客为核心达到一定的推销量。"

坎多尔弗为她制定了日、周、月、季和年度目标，这样就使她不至于产生雄心大志落空的感觉，从而使短期目标为长期目标的实现开辟道路，打下基础。

这是一条基本的规律，即每个人都是从婴儿过来的，没有人会突然站立、行走并开始跑步。相反,我们首先学会爬行,然后学会行走,再学会向前奔跑。

古人云:"不积跬步,无以至千里。"所以,我们不仅要制定出长期规划,比如说十年规划,而且也要定出短期目标——年目标、月目标、周目标,乃至日目标。

选择一个对手作为前进目标

众所周知,长跑选手在进行比赛时都会紧紧地跟住某个对手,选择在恰当的时候再奋力超越他,然后再跟住另一位对手,再在恰当的时候超过他。这样继续坚持下去,就会赢得比赛的胜利。

为什么要这么做呢?长跑,尤其是国际马拉松比赛,是运动员体力与意志力的较量,而意志力尤其胜过体力,有人就因为意志力不足,在体力还很充足时就退出比赛;也有人本来一路领先,但却不知不觉停顿了下来,被后面的选手赶上。紧紧地跟住某位对手就是为了避免这种情形的发生,借对手的状况来激励自己的行动,告诉自己别行动得太慢,以免被别人远远落下。另外,也有解除孤立无援的作用,你如果观察一下马拉松比赛,就会发现这种情形:先是形成一个个小集团,然后再分散成5人或3人的小组,过了半途后,才慢慢地冒出领先的一个人。

我们一生的行动其实也是一段"长跑"。既然是长跑,就要学会选择一个对手并紧紧跟住他,把他当作你即将超越的目标。

不过,你要找的"对手"是有条件的,并不是胡乱找的。

你可以以你周围的同事或同学为目标,当然你要找的目标无论在成就还是体力上目前都要比你好的。换句话说，是"跑"在你前面的那个人。但是，也不能找那些跑得太前面的人，因为你不一定有足够的能力跟得上他，就算暂时能跟住，也要花很长的时间和很多的力气，随后又会被甩在后面，这会让你跑得异常辛苦，而且充满了挫折感。例如，如果你只是一个小职员，一个月赚一千元，你要和年薪一百万的总经理比较，那你的日子将会变得非常苦，别人也会笑话你不知天高地厚。

一旦对手找到以后，你要进行分析，看他的本事到底在哪里？他的成就是如何得来的？平常他做事的方法，包括人际关系的经营、能力的增长、行动的规范等等，你都要有所了解。你可以学习他的方法，也可以自己在独特的方法上花费工夫，相信很快就会有所长进——你慢慢地和他并驾齐驱，然后超越了他。

等你超越了对手后，可以再跟住另一个对手，并且果断地超越他。

这样的行动说起来好像很容易。其实，只要你下定决心，要跟住一个对手并且超越他也确实不难。相反，如果你没有决心，就算对手放慢了脚步，或是在前方停下来等你一段时间，你还是无法超越。

不过，还存在另一种事实，在长跑时，跟住一个对手并不等于你可以超越他，可能你才跟上他，他突然提速，又把你甩在后面了。做事情也是同样的道理，好不容易接近了对手，他又把你抛在后面了。不必为此担心，更不能灰心失望，因为这种事情是难以避免的，一旦碰到这种情形，如果能跟上去，当然很好，如果实在跟不上去，就要果断地调整目标，这并不表示你白花费了力气。因为，你跟住对手的决心和努力，已经让你在跟的过程中挖掘了潜能，比没有对手可跟的情况下进步得更快、更大。更重要的是，在跟住对手的过程中，你的意志力得到了应有的磨炼，也验证了成果，这种经验将是你一辈子受用不尽的资本。

永远不要满足

生命是由若干个有限的"现在"累积而成的。当我们安于现状，对"现在"漠然视之时，今天的"现在"会成为明天的"过去"。成功者都是"从现在开始""马上行动"，失败者则以"明天再说"为借口。

成功绝非偶然，可是，要成功到底需要什么条件？相信这个问题一定使很多人都觉得困惑。其实，这个答案并不那么复杂，不论时代趋势如何演变，最重要的是要对自己所从事的行业有充分的认识。简单地说，成功的人只是因为他们想成功。要成功，就须竭尽一切心力、无视种种横阻眼前的困难，朝成功之途不断地冲刺。

伊藤，这位一流销售员在日本销售界素有"贩卖机器"之称，但在当初他要踏入这一行业时，家人无不极力反对，而他则以实际行动证明自己的抉择是正确的。

每天早上天空还亮着几颗稀疏的晨星，他就已经开始拜访客户，晚上经常工作到十点、十一点，除了投入比他人更长的时间之外，他还利用脚踏车在市内、近郊巡回开拓以提高拜访效率。这样做使他在进入公司十天后，当月业绩结算时，以优异的成绩夺得新人奖，甚至于单位主管还不敢相信一名毫无经验的新手能在短短十天内创下如此惊人的业绩，还特地打电话给他的客户，确定一下契约是否属实。

严格来说，伊藤既无专业知识又无销售经验，全无有利于他的客观因素，他拥有的只是一个信念——"我要成功"。他心中很明白，这次是背水一战，再也没有多余的时间供他浪费，也因为他坚信天时、地利、人和是可以由自己创造的。他用足够的信心、毅力及充分的热诚，来把握每一分钟，进行最完美的演出。因为，商品固然重要，但是促使客户购买的却是销售员本身的人格。从今天起，出门拜访客户前请先照照镜子，告诉自己："我会成功！我有绝对的信心及热诚！"

身为销售员必须永远不懂什么叫满足，只有不满足目前的状况，才能创造更好的成绩。

让你生命中的"骨牌"站立起来

你知道骨牌效应吧？

将骨牌排成一直线，推倒第一个，其他的就会一个接一个地倒下。

一个电视脱口秀节目正进行骨牌表演。骨牌被小心翼翼地一个接一个排好，几万个骨牌排成各种各样的图案。其中的高低起伏比路的坡度还大。排好之后，年轻的表演者准备开始验收成果。

他用手指推倒第一张骨牌，骨牌开始动了起来，他也笑了。"卡啦，卡啦，卡，卡"第一张骨牌释放出的力量不断地增加，传遍其他所有的骨牌，经过曲折的路线和螺旋的图形，一排接一排地倒下去，非常有趣，同时也以一种我们从未见过的方式，展现了自我推销的成功力量。

这就是连锁反应。

你一定在马路或高速公路上看到过，交通阻塞、下雪、下雨或某些特殊状况时，一部车紧跟着前面那一部车，突然前面的车停了下来，后面的却来不及刹车，于是后车撞上前车，前车又撞上了更前面的车，就这么一部接一部撞上去。隔天你就会在报纸上看到，九部或十部车的连环追撞。最前面的车根本不知道后面九部车发生了什么事，更没想到他引发的动力竟传了那么远。

连锁反应。它的结果可能很糟糕。不过它的原理具有很正面的价值。没有人在自我推销时想被推倒，没有人想在车阵中被人前后追撞。推销成功招徕推销成功，推销失败招徕推销失败。不过，让你生命中的骨牌站立起来，而不是倒下去，是绝对可行而且很简单的。运用生命中的动力让你从困境中跳出来，而不要陷进去。